雾与悟

जिज्ञासा और शिक्षा : भारत में मेरा अनुभव

亲历印度

雾与悟

张文娟 著　　当代世界出版社
THE CONTEMPORARY WORLD PRESS

前 言
印度的"雾"与"悟"

一次偶然的工作机会将我带到了印度。从此,我和家人开启了一段不可思议的印度之旅。

很多人都因好奇而问我,怎么去了印度?金德尔全球大学的库玛尔(C. Raj Kumar)校长在介绍我时总是说,"据我了解,文娟是印度大学聘用的第一位全职的非汉语教学的中国籍老师"。我也有些恍惚,自己是如何走向印度的?又是什么让我在印度一留再留?本书将是一个自我求解的过程,同时也希望这段心路历程对更多人了解印度、感悟人生和思考多元文化有所启发。

在哥伦比亚大学法学院读书时,我收到了印度一所大学的 offer。原本计划只用两三年了解一下这个既近又远的邻国,满足一下好奇心就回国,但是刚待了不到半年,我就意识到,这是一个极其幼稚的想法。何为印度?如何算是了解印度?甚至如何去了解印度?于我,都是一头雾水。在前两年时间里,"盲人摸象"且长期走不出来的预感,让我一度气馁,好在强烈的好奇心驱使我坚持下来并一探究竟。

略感欣慰的是，与印度结缘后，我发现，中国与印度存在的联系远比我想象得多。到印度后，有些多年不联系的老同学或朋友竟然开始联系我，很多是为了帮亲友打听购买印度药的渠道。也有的大企业或投资者给我写邮件或通过我的微信公众号留言来联系我，想了解印度的政治或法治环境。还有一些学者联系我，希望到印度调研、访学，或协助查找研究资料。到印度生活一段时间后，我经常被拉进一些印度华人华侨微信群，有在印投资者、旅印学子、嫁入印度家庭的华人女性或赴印旅游者等，不时就印度话题进行线上或线下互动。虽然这里的华人华侨群体没有美国、韩国、日本等国规模大，但赴印的目的已经非常多元。在印的华人华侨圈子小，外部环境不确定性大，使得这里的华人华侨彼此更加亲近。

　　我通过与不同圈层的华人华侨互动发现，中印之间交流的最大障碍不是喜马拉雅山，而是严重不对称的知识和信息鸿沟。以佛教这个话题为例，一个"印度小白"对它的了解，无非是佛教来自印度，《西游记》里唐僧西天取经去的就是印度。这跟我赴印之前的知识储备差不多。但凡到过印度的人，会在知识上略有深入，我们不妨称其为"入门者"。他们会对"印度小白"说，"其实，在印度，大部分人信印度教，信仰佛教的人已经很少"。在印度久了，偶尔会遇到"初级印度通"，他们会就佛教与印度教的异同，以及背后的原因说出个两三点来。种姓话题亦如此，"印度小白"大都知道印度有种姓，种姓分为四个，甚至还会告诉你，种姓与肤色相关。去过一趟印度的"入门者"会告诉你,印度的种姓不只有四个,得通过姓氏才能判断。"初级印度通"则会告诉你,印度种姓是怎么来的,印度制宪会议为纠正种姓歧视所做的制度安排有哪些,以及种姓在现代印度人的生活中有何体现等。在与亲友互动中我发现,周围大多数人都是"印度小白",他们掌握的印度信息无法使其对印度这个国家有基本的认知。即便像我这种在印度生活并专门从事印度研究七年多的人,也顶多算是个"初级印度通"。

中国民众对印度知识了解匮乏,有很多原因,如两国交流不够密切,国内对印度研究不够重视,有限的学术成果也处于边缘地位,自媒体时代的流量驱动则进一步扭曲了人们对印度的印象等。一些自媒体为了追求流量,往往只抓住最吸引读者眼球的一两个点进行放大,要么贬得过分,要么捧得离谱,那个真实而复杂的印度却被掩盖了。反过来,对于印度而言,普通民众对中国的认知水平也大致相当。这就是两国民众对彼此最大邻国的认知,他们每天被那些经不起推敲的自媒体信息"忽悠着",长此以往,对两国的战略互动必将产生不利影响。

到印度一段时间后,我意识到了印度知识供给与需求之间的严重矛盾,便有了一种小小的使命感。毕竟自己在印度生活,又在印度一所大学工作。大学本来就是知识生产的地方,自己有这么多便利条件,应该好好利用,希望能为中文世界的读者了解并认识印度做一点贡献。于是,我开始重新定义自己的身份,试着从印度知识消费者转向印度知识的解读者与传播者。

印度是一个复杂而充满矛盾的国家，如何在有限的时间内快速了解这个国家，是我面临的首要难题。

到印度第三年时，我总结了一个研究印度的入门逻辑。印度是在古老的宗教文化历史根基上，嫁接了现代自由民主政治制度。这就意味着，如果想研究印度，既要懂它的宗教文化逻辑，又要懂它的现代民主制度的设计逻辑。更为重要的是，还要懂两者之间的互动逻辑，这样才可能对印度社会运行脉络有个基本的判断。

现阶段中国对印度的研究已经处于何种状态？我该从哪个方面切入呢？这是我求解中需要回答的第二个问题。

从文化逻辑线上看，中国在古印度的宗教文化研究上，已经有了很多积淀。早期如法显、玄奘印度取经，现代如徐梵澄、季羡林、金克木等学界大家对印度宗教文化的研究，都打下了很好的基础。直到今天，北京大学和中国社会科学院仍有一批在印度宗教文化领域深耕多年的学者。即便在世界范围内，中国对印度宗教文化的研究也占有一席之地。但从政治逻辑上看，我们对印度的民主政治和法治研究还处于比较落后的阶段，尤其是对印度宪法的研究。到目前为止，中国大概只有三位学者的博士论文是关于印度宪法的，他们毕业后也没能专职从事这个领域的研究。2022 年 8 月，"大学沙龙"邀请我就"印度的种姓歧视与宪法破解努力"做一个讲座，让我邀请评议人。我借此机会请求在香港和台湾的学术界同仁，帮我打听从事印度宪法研究的中国学者，结果一无所获。这验证了我进入印度第三年的初步判断：中文文献中对印度的了解还停留在古代，这对理解印度宗教文化逻辑很有价值，但却无助于判断现代印度的实际运行。基于这样一个判断，我决定专注于印度法治，尤其是宪法研究，以期能在中文文献相对空白的领域尽一份力。

在专业知识生产方面，我在学术刊物上就印度宪法制度的设计与运行、印度民主政治的运行、印度民间组织发展、国家创新、法学教育、基础教育、律师制度、种姓制度的宪法应对等话题，发表了一些阶段性研究成果。不过普通人很少会读这些有较强专业性的学术文章，又由于本领域专业学者的稀缺，这些文章发表后基本上就被束之高阁。所以，我经常提醒自己，不能只专注于书斋中的知识生产，还要将自己的"知识成品"以通俗易懂的方式普及化。

如何将相对严肃的思考通俗化表达，以便于传播，是我要解决的第三个命题。

我创立了微信公众号"印中智慧桥"和今日头条账号"文娟看印度"，经常在上面分享一些阶段性感悟，且力争通俗。我还利用一些相对严谨的平台媒体分享见闻，如澎湃新闻。这些分享已经发挥了作用，尤其引发了那些去过印度的人的共鸣，我也因此结识了许多对印度感兴趣的同仁。当然，我的公众号文章达到10万+阅读量的很少，可见想在流量和严谨之间达成平衡并不容易。新媒体传播还存在一个明显的短板，即时效性强存续时间短，且篇幅较短很难系统地表达观点。

本书是另一种努力，希望以通俗的语言和相对严谨的学术视角将印度生活中的常见现象进行有趣且体系化的分析。为此，本文挑选了三十个故事，也可以说是三十类生活和工作经历的片段，用这些丰富甚至有点跌宕起伏的经历以及感受，来勾勒我的印度印象和对印度印象的表达。我将从不可思议的入职说起，进而分享我对爱争辩的印度学生和驾驭多元文化的印度精英的观察，也就校园流浪狗如何成为校长最头疼的问题拨云见日，还介绍了我在印度日常生活中为孩子选学校、到医院看医生及印度计划生育对我的影响等体验；我也会分享我对印度素食文化、冥想文化、另类"时间观"、"礼尚往来"和"不拒绝"文化等的感受和观察，还会从我在印关注的一些重大事件，如贾特人骚乱、大法官选举之争、反性骚扰运动等事件，来分析印度治理中的种姓问题、司法独立问题和女性保护问题。

我用心挑选这些经历，希望将我在印七年的好奇、困惑和求解的心路历程呈现出来，也期望其能相对完整地勾勒出印度社会运行与治理的总体轮廓。本书的每段经历都是一个故事，读者可跳着读，选择自己最好奇的部分。同时，不同故事之间也会就类似话题相互呼应，如《贾特人骚乱为哪般》、《拉文德生活中的种姓影子》和《印度高考有多难》，虽在内容上各有侧重，但在印度种姓问题上的讨论却可以相互补充，希望能为大家提供一个立体式的印度种姓观察视角。再比如，《牛为什么写进了宪法》、《印度到底是不是个法治国家》、《大法官选任之争》和《校园里的流浪狗》会从不同侧面讨论印度的治理逻辑。而《在印度建一座哈佛》《与印度精英共事》《我那爱争辩的印度学生》《印度的大家庭观》《"车上真的有空调"》等，则从不同视角讨论了印度精英的思维特点以及影响其成长的文化背景。

帮助读者了解印度不是本书的唯一目的，这本书更期望唤起大家对"不同"的兴趣，激发对多元的想象力，以及愿意从"不同"中去反思那些我们不曾留意并已经固化了的思维。于我而言，印度错综复杂的矛盾、丰富的多元化，对我思维逻辑冲击很大，让我受益颇多。

这段经历，让我想到了很多自己以前没想到或没去认真思考的问题。比如，印度文化是内求性文化，这让印度的现代化呈现出很多特色，尤其是对精神的不懈追求，让我不时追问自己，人的精神需求与物质满足之间到底是一种什么样的互动关系？再比如，印度人对其他生灵的态度跟我们有很大不同。这体现在很多方面，小孩子不会去随意伤害其他小动物，野生动物随处可见，以及素食主义盛行等。这也让我不时反思，人到底应该以什么样的姿态去对待其他生灵？经常听到有人将中国政府和印度政府做比较，也有人质疑印度的民主运行。两国间穿梭让我时时体验着两国政府的不同运行逻辑，并不时思考国家权力运行质量的评判标准，是看政府如何被限制以不做坏事还是看政府如何被赋能以做好事？再比如，到了印度后才发现，多元是印度的文化基因。在印度生活，你会发现，"不同"是基础，"同"是例外。这让我也不时思考，多元环境带给印度公民个体的思维优势和劣势是什么？给国家治理带来的机遇和挑战又有哪些？

这本书的目的是——"启悟"传递。如果在读这本书时，你不自觉地发现了某个新的视角，或想到了某个从未想到的问题，并对这个问题有一探究竟的冲动，那本书的愿望就实现了。如果读完后，你感觉没什么启示，请不要失望，很可能是我表达能力不足所致。当然，也可能会发生这样的情况，你周边的人读了，感到比较受启发，而你却没有。那也不要失望，人的"悟"需要机缘。如果一个人有很强的先入为主的思维习惯，或好奇心因岁月侵蚀而钝化，也或者生活中正面临巨大挑战而有些消极情绪，都可能会影响"悟"的发生。不过，"悟"的发生有多种形式。只要有所意识，改变就已经开始。

雾与悟：亲历印度

目 录

前言　印度的"雾"与"悟"　　　　　　　　　　　　i

1. 不可思议的入职　　　　　　　　　　　　　　1

2. 在印度建一座哈佛　　　　　　　　　　　　　9

3. 我那爱争辩的印度学生　　　　　　　　　　16

4. 金大不允许老师请学生吃饭　　　　　　　　23

5. 印度大学的学术自由　　　　　　　　　　　30

6. 校园里的流浪狗　　　　　　　　　　　　　37

7. 与印度精英共事　　　　　　　　　　　　　44

8. 贾特人骚乱为哪般　　　　　　　　　　　　55

9. 拉文德生活中的种姓影子　　　　　　　　　63

10. 德里强奸案的另一种视角　　　　　　　　　69

11. "满大街看不到抽烟的"　　　　　　　　　74

12. 印度的素食　　　　　　　　　　　　　　　80

13. 静修文化　　　　　　　　　　　　　　　　86

14. 新德里华人往事　　　　　　　　　　　　　92

15. 印度的中国研究观察　　　　　　　　　　　100

16. 我为孩子选学校 107

17. 孩子在印度小学学什么 115

18. 印度高考有多难 125

19. 在印度看医生 133

20. 委婉的计划生育政策 142

21. 印度的大家庭观 150

22. 是什么在凝聚印度 158

23. 牛为什么写进了宪法 166

24. 大法官选任之争 172

25. 印度到底是不是个法治国家 180

26. "车上真的有空调" 190

27. 印度人的不拒绝 196

28. 印度人的时间观 200

29. 印度文化里缺乏"礼尚往来"？ 206

30. 不一样的服务体验 211

后记 亲历印度后再看世界 217

1

不可思议的入职

2013 年，在国内从事专职公益律师的第十年，我选择了去哥伦比亚大学法学院充电。到哥大后，我便通过"领英"（Linkedin）更新了自己的信息。苏达山院长给我留言说，等我毕业了，可以到他所在的金德尔全球大学（O. P. Jindal Global University，以下简称"金大"）任职，大学特别期待聘用一位中国老师。看到他的信息，我礼貌性地表示感谢，但并没在意。那时的我，对出国工作没有任何想法，更不用说去印度了。

我跟苏达山院长的相识，始于联合国开发计划署的项目。他当时在联合国开发计划署亚太办公室工作，而我所在的致诚公益曾在联合国开发计划署中国办公室的资助下开展项目。在他来中国评估时，我代表受资助方跟他有过交流，但不属于很熟悉的那种。巧合的是，2012 年在哈佛法学院我们又见过一面。当时我在耶鲁大学法学院做访问学者，受哈佛法学院中国学生社团邀请去做一个讲座，之后去旁听哈佛法学院另一位教授举办的公益法的讲座时，遇到了苏达山院长。他说，自己退休后已经被邀请到金大做政府与公共政策学院的创始院长。我们更新了彼此的联系方式，这是我到哥大后我们还能保持联系的原因。

转眼在哥大的第一个学期过去了，我对国际化有了不一样的期待。生活在世界中心的曼哈顿和国际化程度极高的哥大，周围是来自世界各国的法学硕士（LLM）同学，我的眼界和国际化思维受到了潜移默化的影响。而此前的国内工作经历，让我感受到中国也逐渐融入国际化的大潮中。这些促使我对国际化有了更多的思考。国际化不只是语言、文化、经济的交流，影响更深的是思维方式的交流。我隐隐感觉到，站在中国看世界和站在外面看世界，会有很多不同。这让我产生了一种到中国之外的国家工作一下的冲动。当时我是带着孩子读法学硕士的，说实话，读得还是挺吃力的，也就没有精力到处投简历应聘。于是，我就想起了苏达山院长的邀请，给他留言说自己已经进入第二个学期，问他给哪个信箱投简历。其实，那时我也没想好是否真的会去工作。

苏达山院长很快给我提供了一个邮箱，我把简历发了过去。接下来发生的一切，简直不可思议。我是美国东部时间下午发的简历，不到半个小时，就接到了一个来自印度的电话，电话那头告诉我，他是金大的校长，刚看到我的简历，想跟我聊聊。原来苏达山院长给我的是大学校长的邮箱，而校长给我打电话时已经是深夜了。如此神速的回复，让我不知道该如何解读这次求职经历。看来，印度并不都是"低效"的，也有着惊人的"神速"。后来，等我真正去了这所大学才明白，正是因为"高效"，让金大刷新了很多记录，如该校有印度独立以来盖得最快的教学楼。它也是印度发展最快的一所私立大学，还是印度所有进入 QS 世界大学排名中最年轻的一所大学。

电话中校长给我介绍了大学的情况，我询问了很多有关大学的问题。对我，他只问我什么时间毕业。我看到他对我能力和条件等没提什么问题，便主动向他解释，我以前是做实务的，没有博士学位，也没有教学经验。校长说，印度是普通法国家，对于法学院的老师，不是必须有博士学位，他们也欢迎有实践经验的老师。我又问他对我是否还有其他问题。他说，没有了，会让人力资源尽快联系我。很快，人力资源主任和一位校董就跟我通话了，主要是聊关于职位和待遇的问题。因为听印度口音有难度，我请他们给我发书面邮件，结果，他们竟然直接给我发来了正式的 offer。

校方让我见识了印度人的高效，而我却让他们见证了中国人的谨慎。本来是打酱油式投个简历，却意外收到了对方的正式 offer，这让我措手不及——我不得不认真考虑这个选项了。当时，老爸在纽约帮我带孩子。当听到我可能选择去印度工作时，他表现得非常不高兴，属于"坚决抵制"的态度。他说，"在国内怎么还找不到一份工作，到那个地方去干什么！"当然，我没有听他的建议。他这已经不是第一次反对我的选择了。当年考上北京大学法律硕士，他嫌学费高，建议我不去上，于是我通过贷款完成了学业。毕业时，他认为去公益组织工作没出息，非常反对我放弃公务员的机会，但我还是选择了去公益组织工作。作为五十年代出生的农民，他总是做最保守的选择，也导致生活很难有实质改变。而我则愿意冒点风险，去过更有意义的生活。他提供不了什么支持，也就无法有效反对。这让我有机会走一条自己想走的路。

选择去印度时，我已结婚生子。所以，我必须跟我们家的常先生商量。我问老公的意见，听上去他也不太情愿，但婆家人有个习惯，很难说"不"。所以，即使他不情愿，也只是建议我参考更多人的意见再做决定。

家庭之外，我第一个要商量的是致诚公益的佟主任。他不仅是我的老板，更是导师。致诚公益的十年工作经历，培养了我的建设性思维和行动力，也让我有机会深度参与社会问题的解决和政策变革，这是家庭教育和学校教育都没能给我的。所以，我对佟主任特别信任，也非常重视他的意见。佟主任给我的建议是，如果金大只是给我一份大学教职，那我还是回致诚；如果给我更多平台，让我可以在教书之外有做事的平台，那就可以考虑。他说，人生很短，要选择能将自己潜力发挥出来的平台。我很认同佟主任的观点，便以此作为与大学谈判的基础。我给大学校长发了一些英文材料，关于我在中国公益法领域的角色以及取得的成绩，并希望已有的工作能力能在新的平台上继续发挥作用。后来，对方又给我发了一份更新版的 offer，除了副教授之外，还增加了法学院国际合作助理院长，并让我牵头成立印中研究中心。以此，我又跟家人和佟主任商量了一下，便决定接受这份工作。

虽然内心已基本确定，但毕竟对印度近乎一无所知。说实话，那时的我，对印度的了解，就是个"印度小白"水平。这让我对即将到来的印度经历有些忐忑。于是，我又找班里的印度同学聊。然而，知道这所大学的是少数，毕竟这是一所新的私立大学。只有一位来自德里的同学说，这所大学的法学院还不错。我又找哥大法学院招生办公室的老师聊。他们说，基于他们在招生中对印度法学院的了解，这所法学院在印度肯定不是排名靠前的法学院。那时的我，就像小马过河一样，对水深水浅完全没有概念。但是，经过这样一个过程，不安分的心已经被搅动了起来，考虑再三，我还是决定试试。我又给人力资源发了一份长长的问题清单，就印度的工作和生活细节，一一咨询。他们给我回了一份长长的答案，我又提出了新的问题……几年后，校董在向别人介绍我时，总说我是那些应聘者中问题最多的，以至于他们把我的问题和他们的答案变成了入职者参考，这让我很不好意思。

大学很快给我发来了申办签证所需的材料。我决定在纽约申请签证，计划拿到签证后先回国待一段时间，再从北京去印度，但实际的过程却比这波折得多。对于印度签证的申请流程，我是基于美国签证申请经验做的计划，但事后发现，这种想当然的假设有很大风险。申请印度签证是先提交材料，然后等通知；而美国签证则是面签，当场就答复准许还是不准许。对于一个毕业后要尽快回国的人，印度签证这种不确定的等待显然不合适，但很多事都是有了教训后才明白的。

　　我查询印度驻纽约总领馆的印度签证申请流程时发现，印度的签证是委托给一家中介机构来操作的，便按照要求提交了材料。让我没有想到的是，当时印度驻纽约的领馆正在更换中介机构，工作处于交接中。在得到这个消息后，我第一时间上网查询自己的申请信息，却发现没有我的记录。我便立刻跑到提交材料的中介处去要护照。谢天谢地！我去的那天是他们关门前的最后一天。刚开始，他们说我的护照已经被移交给新的中介，我坚持说，系统里没找到我的信息。他们又找了一遍，总算从一大堆垃圾文件里把我的护照翻了出来。万幸没被漫不经心的中介弄丢护照而无法回国。

　　回国后，我重新向印度驻中国大使馆申请签证，却被告知重复申请不被允许。因为我的护照上有"签证正在申请"的字样。他们让我先从纽约那边撤销申请，而那边又说没有我的信息。经过一番努力，后来印度驻中国大使馆总算受理了我的申请，至于什么时间有结果不得而知。我便回到致诚继续工作。期间，印度的大学担心失去联系，不时给我发开课的信息，也经常问询签证进展。一个多月后仍没消息，校方便给使馆正式发函催问，期望他们加快签证办理速度。因为工作签证需要发给印度外交部和内政部审批，使馆也做不了太多。转眼已经过去两个多月，一直杳无音信。而此时的我发现怀了二胎，对原本打酱油式的出国工作想法，顿时萌生了放弃的念头。我给大学写信说明情况，如果对方对此有所介意的话，我可以放弃这份工作。但是，大学并不介意，继续给内政部和外交部写信催促签证，还让我在此期间网上开课，并给我配备一位同事协助线下的课堂管理。到了9月底，签证终于下来了。

跟家人商量后，我决定自己先过去看看。从决定赴印的那一刻起，我就开始留意中文报纸上关于印度的报道，似乎女性安全是个大问题。临行前，身边所有没到过印度的人，对我的叮嘱都是"一定要注意安全"。于是，在订机票时，我特别希望能订一个白天到达的航班，可事实上，当时根本没有这样的选项。两国首都之间，直飞的航班很少，且落地时间都很晚。最后，我选择了香港转机的国泰航空，到印度时是晚上九点多，算是最早落地的航班了。那时中印之间每周只有不到40个航班。即使到疫情前的2019年，也不到50个航班。而同为邻居的中韩之间，每周航班却能达到1000多个。从航班安排上也能看出，中印两国在人员交流上还有很大的发展空间。

那些去过印度的人，他们的叮嘱则主要围绕着食物和饮水安全。有个外国朋友告诉我，她老公在印度路边小摊上吃饭后，上吐下泻，后来到医院洗胃才好了。他们一直都不敢带着孩子去印度，因为美国孩子有吃完东西舔手指的习惯。也有外国朋友给我支招，说水至少要烧开两次，这样喝才安全。

怀着忐忑和不安，在香港机场转机时，我便在同机的中国人中开始了"调研"和做夜间降落的应对准备。沟通后有三大发现：一是来自台湾的乘客比来自大陆的多；二是大陆人中几乎全是华为的员工；三是他们对我的安全顾虑有点不以为然，但对水的问题却深以为然。最后一点对我很有帮助，我在飞机上连喝几杯水，打算顶整个晚上。

飞机准时降落。入境手续虽然有点磨蹭，但也不像入境美国那样排长队，行李提取也算快。让我印象深刻甚至有些震撼的是，德里英迪拉机场入境到达处的标志性手印。入境等待处散发着柔和的檀香味儿，也让人感觉很舒服。不过接我的司机竟然跑到了国内到达站，这让我着实体会了一下印度人的漫不经心。我好不容易通过转机攒出的时间，竟被这位司机给耽误掉了。我多次用中国移动手机联系大学，每分钟2.99元人民币，也心疼得让我记忆犹新。

后来总算跟司机接上了头，通过大学确认了司机的身份后，我便开始了从机场去大学的行程。上车时已经是北京时间凌晨三点，有些颠簸的路让车子晃得像个摇篮。我很想睡觉，但对女性安全的隐忧却提醒我，一定不能睡。我强行睁着双眼，打量着车窗外陌生的环境。外面没有那么密密麻麻的高楼大厦，建筑物上似乎落着很多灰尘，甚至有些灰头土脸。第一直观感觉是，这里的硬件设施比北京至少要落后15—20年。但在印度生活一段时间后我才意识到，这个国家是有精神宝藏的，等待着懂得欣赏的人去挖掘。

2

在印度建一座哈佛

如果跟印度人聊天，你会发现，纵然很多精英对这个国家有抱怨，但是，他们就如何进行改革却并不是特别关心。尤其是如何让自己承担起改革的责任，更甚少谈之。印度不缺乏有梦想、有能力的精英，甚至以盛产国际大企业 CEO而著称，但将自己的梦想投射到这个国家未来发展的印度精英却不是很多。

库玛尔校长也是印度众多精英中的一员。他在印度两所知名学院——马德拉斯大学的洛约拉学院和德里大学法学院分别取得了商学和法学学士学位。在罗德奖的支持下，他又在牛津大学拿到了民法学学士学位，然后在另一份奖学金的支持下在哈佛大学法学院取得了法学硕士学位，后又在香港大学拿到了法学博士（S. J. D）学位。这些名校学位足以让他找到一份体面的工作，驰骋在世界舞台。

但与很多印度精英不同的是，库玛尔校长是将自己梦想投射到这个国家未来发展上的人。甘地有句名言，"要想改变世界，就先改变自己"，他始终将这句话悬挂在办公室墙上最显眼的位置。他的梦想，就是要在印度创办一所国际一流的高等教育学府。因为他觉得，今日印度的高等教育，既没有昨日那烂陀的荣光，也难以聚集国际人才以助力印度的快速国际化发展。

梦开始的地方是他首次在牛津感受到不同于印度的教育体验。在那里，即使大课堂上也有很多小范围请教老师的机会，在小课堂上更是鼓励讨论。来自不同国家和政治文化背景的年轻人被激励着去独立思考，去分享观点。那里有丰富的馆藏、舒适的学习环境等等。尽管他在印度上的都是名校，但这些他都没有体验过。又有多少印度学子能有机会体验牛津、哈佛的教育呢？难道曾拥有那烂陀荣光的印度，不能提供这样的教育吗？此后，这个问题始终萦绕在他的脑海。

带着疑问，他到了现代高等教育实力最强的美国，并在哈佛法学院读取了法学硕士学位。哈佛强调学术严谨性和教育对社会的贡献，这一点启发了他。哈佛毕业后，他考取了纽约律师资格，并在一家律师事务所工作了一段时间，随后他得到了一个去纽约大学访学的机会。利用这个机会，他与耶鲁大学的彼得·沙克（Peter Schuck）教授、纽约大学的诺曼·道森（Norman Dorsen）教授、菲利普·奥斯顿（Phillip Alston）教授和弗兰克·阿帕曼（Frank Uppam）教授等交流在印度创建一流大学的想法。其中，令他印象深刻的是，道森教授告诉他，三四十年前的纽约大学，在美国连二流大学都算不上，但是，今天它已成为一流大学中的佼佼者。这激励着他思考在印度实验牛津和哈佛的可行性。在日本和中国香港工作期间，他有机会深入了解东亚国家，如韩国和中国高等教育的发展。他还曾被华东政法大学邀请到上海讲学，利用这个机会，他很好地考察了中国大学的发展战略。

这些个人发展经历，为他的梦想实现奠定了基础。但此时的他，有的也只是激情和梦想。在印度创建"哈佛"的梦想，显然需要资金。而他的挑战，不仅仅在于需要资金，还在于要创办一所"理想的"高等教育机构。为创建"理想的"高等教育机构，他期待的捐赠者需要满足三个条件：（1）一亿美元的捐赠；（2）建立非营利性大学；（3）学术自由和管理自主。这三个条件，让他注定无法从政府拿到钱，因为纳税人的钱不可能给一个年轻人去做实验。在私人慈善领域，对于当时经济刚起步的印度，能给予巨额捐助的在商界也屈指可数。后两个条件还意味着，捐赠者只需捐钱，而不能介入大学的其他事务。想找到这样的捐赠者，无异于中大奖。但对库玛尔而言，这三个条件是他实现梦想不可妥协的部分。否则，他宁肯继续留在香港城市大学教书。

库玛尔来自南印度，父亲是一个刑法学教授，也做过大学的校长；母亲是一名医生，曾经做过泰米尔纳德邦的医疗事务负责人。他的家庭背景与其宏大的理想相比，能提供的也只是精神上的支持和鼓励。但是，库玛尔校长作为领导者的过人之处是他的资源整合能力和游说能力。

他将自己建立世界一流大学的想法写成了论文，以便让更多人读到。他认真研究了哈佛、耶鲁、斯坦福、康奈尔、纽约大学等美国知名院校的捐赠来源和发展历史，也认真研究了日本、中国内地、中国香港等国家和地区的高等教育的发展和捐赠情况。他已经为"邂逅"那个可能出现的亿万富翁做好了准备。

与此同时，他通过写信和见面等方式，积极联系那些可以帮助他实现梦想的人。从罗德奖印度评委会委员到印度总统，他努力创造机会来介绍其印度"哈佛"实验的可行性和重要价值。2006年8月，库玛尔校长负责在印度筹备一次由联合国开发计划署支持的关于司法公正的会议，这让他有机会见到了时任印度司法部长的巴达瓦吉（H. R. Bhardwaj）先生。他请求部长给他20分钟时间来介绍他创建世界一流大学的想法，由于打动了部长，最终见面时间延长到两个小时。司法部长说，他认识的一个年轻富翁可能会对他的设想感兴趣。

那个司法部长所说的亿万富翁就是纳文·金德尔（Naveen Jindal）。当时，不到40岁的纳文，刚从父亲那里继承了一项庞大的产业——金德尔钢铁集团。碍于司法部长的面子，纳文答应与库玛尔见面，但第一次见面主要是礼节性的，当时库玛尔关心的高等教育探索根本不在纳文的议题里，更不具有优先性。几个月后，在巴达瓦吉部长的建议下，纳文答应再一次见面。经过这次见面及此后的几次详谈，他终于同意捐款。

2007年11月，纳文决定捐款一亿美元，创建一所以他父亲名字 O. P. 金德尔（O. P. Jindal）命名的大学。这正是金德尔全球大学（O. P. Jindal Global University）名字的由来。纳文给库玛尔正式回复说，"我们做吧，非营利，你有学术自由"。而且他还说，"18 个月后，我希望校园已经建成，开始第一届招生"。他要求库玛尔立即回印度牵头筹备。

库玛尔放弃香港教职，回到印度，投入到校园设计、征地、施工、招聘老师、招收学生、规划学校等具体工作中。接下来的挑战和不确定性，并不比寻找捐赠者小。在具体征地、建设校园、招聘、招生等方方面面，他需要跟一个低效且有些腐败的官僚系统打交道，去破除挡在库玛尔建设一流大学过程中的一道道障碍。

更具挑战的是，他要说服哈里亚纳邦（以下简称"哈邦"）议会通过一部允许该邦建立私立大学的立法。这在哈邦前所未有，推动立法谈何容易。为了学校的建立，他和同事在与哈邦政府打交道时，从最初不让用机关楼里的洗手间到最终被邀请进去与负责人聊天，他们逐步探索出了一条有尊严的、与政府互动之路。庆幸的是，行政官僚体系和决策者中不乏有识之士。在哈邦首席部长胡达先生和邦总督也是康奈尔毕业的科德瓦吉博士等人的支持下，金大设立的依据《哈邦私立大学法》得以通过，从而使金大成为该邦第一所私立大学。

2009 年 9 月，金大开始了第一个学院即金德尔全球法学院的运行。10 位老师 100 名学生，该法学院开始了第一课。34 岁的库玛尔成为创始校长，也是印度独立以来最年轻的大学校长。我记得与库玛尔校长第一次见面时，他就说，印度是一个不可能的国家，但只要去做，又是一个充满可能的国家。

库玛尔的策略是，用他的激情和思想打动政府部门中的一些有识之士，通过他们扩展、提升自己在决策者那里的认可度。他利用媒体传递他的探索、思考和政策建议，以与社会更广泛的群体展开交流。他还利用自己的国际资源促进国内、国际互动。如2015年12月他成功邀请印度总统和《时代周刊》世界一流大学项目负责人在印度总统府召开了《时代周刊》2015年的世界大学排名发布会。他还利用国际平台，把金大推向世界，同时也向印度国内决策者策略性地施压。库玛尔的沟通力极强，不论印度人还是外国人，一旦给他机会，库玛尔会很容易把对方说服成为他的支持者。如印度总统穆可吉和印度财政部长贾特利，都是库玛尔印度高等教育实验的支持者和推广者。在大学成长过程中，很多有影响力的印度内阁部长、议员和印度最高法院大法官都曾到金大演讲或参加会议。

库玛尔的沟通力，也助力其人才招聘与大学的管理。在校园连雏形都没有时，他能把牛津大学的同学和香港城市大学的印度同事吸引过来，跟他一起进行冒险实验。在校园还很小的时候，他说服了联合国系统的退休高官和其他国家驻印退休大使加入教职，通过他们拓展学校在国际上的影响力和挖掘合作伙伴。

随着金大知名度的提高和国内外人脉的积累，他运筹帷崛的能力越来越强，这所大学也逐步有了牛津、哈佛的影子。到 2023 年 5 月，金大已经发展到包括法学院、商学院、国际事务学院、政府与公共政策学院、人文与艺术学院、新闻与传播学院、银行与金融学院、建筑与艺术学院、环境与可持续发展学院、心理与咨询学院、语言与文学学院等十几个学院，在校学生 9000 名，全职教师 1000 多名的庞大规模，而且年轻的金大在 10 岁时就已经进入 QS 世界大学排名的前 850 名，并于 2021 年进入前 750 名，2022 年进入前 700 名，成为印度国际排名最靠前的私立大学，也是印度政府通过"卓越机构计划"重点培养的十所私立大学之一。

如一颗新星，金德尔全球大学正从印度衰落的高等教育废墟上冉冉升起。这个印度哈佛实验的初步成功，给了边做边想的库玛尔校长更多的政策话语权。他正成为印度高等教育的意见领袖，在"卓越机构计划"实施方案以及《印度国家教育政策 2020》执行方案（草案）撰写中发挥了重要作用。同时，他也提供了一个观察印度精英的生动个案，让我们有机会深入了解印度精英在本土进行创新性实验的挑战及可能的成功经验。

3

我那爱争辩的印度学生

　　印度诺贝尔经济学奖获得者阿马蒂亚·森曾经写过一本书，叫《惯于争鸣的印度人》，里面对印度人思辨和争辩的传统有很好的描述。从玄奘在印度求学的文献中，我们也得知，印度当时的经院教育机构非常鼓励争辩。随着佛教东传，至今，中国的藏传佛教中仍保有辩经的传统。殖民时期的"二等公民"待遇，让独立后的印度制宪者们非常看重基本权利，并赋予司法救济权，更是培养了印度人的权利意识，这种意识以及印度传统教育中的思辨传统，培养了爱争辩的一代年轻人。

　　印度的权利意识和争辩习惯，让印度大学产生了一些有意思的机制，公开对话会（Open House）就是其中之一。所谓公开对话会，就是每一两个月，学生有组织地跟院领导进行沟通交流，学生可提出任何问题，学院要给予答复。规模小的学校，也可召开校长参加的公开对话会，解决学生提出的有关学校建设和自身权利的问题。我作为国际合作助理院长，曾经参加过一次由法学院院长带队、其他副院长和助理院长参加的关于法律学士（LLB）学生提出的有关平等待遇与未来发展的公开对话会。法律学士是完成三年或四年其他专业本科学位后再读三年法律后得到的一个学位，类似于美国的 JD 或中国的法律硕士。印度从 1986 年开始试点法学与其他学科复合的五年制复合学位（BA. LLB 或 BB. LLB），这让传统的法律学士学位逐渐失去了优势。法律学士学生们现场提出了很多问题，包括他们参加国际交流、实习、就业以及同五年制复合学位相比的专业竞争优势等。学生们的提问很务实，也很注意分寸。院领导就相应的问题第一时间给予回复，当场拍板哪些能立刻解决，哪些关切是不必要的，哪些需要先跟外部进行沟通后再答复，并将责任逐一落实到人。这次经历让我见证了公开对话会的价值。

有些时候，如果跟学院的沟通渠道不畅，或者学校处理不恰当，学生也会以集体抗议的方式争取权利。有个学生不断向学校管理者写信，抱怨学校的网络服务太差。行政也做了一些权限范围内的努力，但是，超越权限的解决方案需要上报领导层研究确定，所以，改善并不明显。后来这个学生就给校长写信。开始校长还要求行政解决，后来也就失去了耐心，便给这个学生直接回信说，如果对这个学校不满意，他可以选择退费退学。这个学生把校长的信放到了脸书上，引起了学生们的强烈反响。很多学生为他鸣不平，于是，这些学生决定在特定时间到教学楼集会。校园里短时间内就聚集了数百名学生，校长不得不出来与他们进行对话，并承诺更换服务商，以有效改善网络服务问题。后来，学生们还成立了一个执行监控小组来跟进这个过程，直至问题得到妥善处理。

印度学生在课堂上也非常活跃，很少见到对发言打怵的学生。在我的一门比较宪法课上，绝大多数学生来自印度，只有两位来自中国。讨论关于印度宪法的任何问题，都会有印度学生的热情参与。因为他们对自己的宪法了解非常深入，很多讨论深深启发了我。而中国学生，即便是讨论中国宪法部分，也是一脸茫然，很难听到他们的见解。那种想不出观点的无助，可以从他们的眼神中读出来。有一次我问中国交换生，她是怎么看印度学生的。这个交换生向我讲述了一段与印度学生做团队作业的经历。在她的另一门课上，她与一名印度学生同组完成团队作业，她让那个印度同学做PPT，不做；让他做练习，也不做。这个中国学生做了PPT，印度同学还批评她，说她不过是把老师课堂上的观点梳理了一下，并没有自己的观点，毫无价值。结果到了做展示时，她发现自己的印度同学果然很有观点，让她很佩服。

印度学生的活跃思维和权利意识不仅仅被用在口头辩论上，还培养了他们对社会问题的解决能力。我有一门课，叫"律师在社会变革中的作用"，考评中有30分是让学生就一个具体的社会问题做调研，并提出解决方案。有个学生给我留下了深刻印象。他选择了火车道旁流浪儿童将便宜文具用品用作廉价毒品的问题作为自己的项目课题。他自己先去找那些孩子们交流，了解他们面临的问题以及什么原因导致他们吸食这些廉价毒品。但因为缺乏社工经验，沟通效果并不好。于是，他联系了当地一家专门做流浪儿童救助的民间组织，取得了他们的支持，对方派社工跟他一起去跟这些孩子们聊。深入了解问题后，他又通过自己的同学给一家声誉极高的全国性儿童民间组织（他的同学在这家机构实习过）写信，分享了自己的项目方案，希望这家组织能够跟他一起优化项目设计，并共同实施项目。通过这个组织的背书和支持，他从百事可乐筹集到资金，又得到了当地政府部门和一所公立学校的支持，决定一起推动实施一个切实可行的方案：傍晚让这些孩子利用公立学校的校舍学习一些基础知识，企业的资金用于给他们提供免费晚餐以吸引孩子们来，同时政府的救助机构给他们提供晚上睡觉的地方，但不强行限制他们自由。他的努力和项目设计推进远远超出了我的预期。更难能可贵的是，他不是将这个任务单纯当作一次课程考核，而是将其作为一个真实的项目来完成。在短短一学期内，他的项目已经由设想推进到了实际执行阶段，这让我看到了印度年轻人对社会问题的责任意识和解决能力，而这正是印度社会改变的希望所在。

当然，思辨力强且爱争辩的印度学生，如果缺乏勤奋支撑，也不见得都是优势。还是回到那门比较宪法课，期中考试是口头辩论。具体规则是，每四名学生一组，根据指定辩题，两个支持，两个反对。20分钟，四个人两轮辩论，这意味着每人每轮只有2.5分钟。想拿到高分还是很有挑战性的。说实话，我当时挺替两位中国学生担心的。但事后证明，这种担心有点多余了。虽然是口头辩论，但毕竟也是考试，中国学生在考试上还是很有办法的。两名中国学生语言上没有优势，观点上不见得多新颖，但提前做了不少准备。他们首先把核心观点都列在了纸上，肯定事先也做过多遍练习，发言时陈述观点很熟练，速度很快，能在有效时间内，尽可能地分享更多观点。我和印度老师都不约而同地给两位中国学生很高的评价。对很多印度学生来说，发散性讨论有优势。但是，在规定的时间内进行有针对性辩论，同样面临着挑战。他们出现的问题是，因为事先没怎么做准备，还没开始切入正题时间就已经到了；或者一个人强行说 10 分钟，其他人没有时间表达，导致整个组的分数都很低。

这种基于权利意识的争辩，如果缺乏责任意识，则更让人担忧。我的一位同事，负责教务工作，几乎每天都要应对那些因为缺勤太多以致不能参加考试、因为学分不够可能毕不了业、因为错过选课时间而选不上课的学生来向他提交的一箩筐的理由，要他帮助。其中有个学生令我印象深刻。他的精力没用在学习上，考得很差，但是，他非要认定考卷中有一道题不符合大纲要求。为此，学校专门组织老师对那道题做出评估，结论是没有问题。实际上，即使那道题给他全分，他也不及格。但是，他仍然要揪着那道题不放，并且坚持出钱请校外的第三方评估机构再次评估。我在想，要是他把这股劲儿用在学习上，成绩肯定优秀。

作为任课老师，我也要经常面对学生千奇百怪的理由：因为好朋友的叔叔去世了得陪她，没来上课；因为周末回家，所以错过了周一的点名回答问题环节；因为有好几项作业，所以不能按时提交我这门的作业；因为姐姐或哥哥的婚礼，要请一个星期的假；因为要参加毕业派对，要求老师提前下课……更让我不能理解的是，完全可以用半个小时完成的作业，学生却非要用 40 分钟来跟我辩论为什么他的作业需要延期提交。学生可以有无数理由，但是，老师决不能有失误或纰漏。如果执行的不是事先已经宣布好的政策，或者在执行政策过程中有偏差，那么政策很容易成为那些平常不努力学生进行反击的救命稻草。

中国的儒家文化，很多时候强调内省和自觉，或者叫克己复礼。虽然很多时候我们也在批评过度功利化，导致了社会责任的缺失。但是，传统的儒家文化再加上强调集体观念，很大程度上，已经将自省和责任意识内化到了中国公民的思维之中。所以，作为一名中国老师，面对这些印度学生，受到的文化冲击不小。

针对同伴或师长，一般我们内心会有个权衡，哪些请求太过分，哪些理由太可笑。印度学生很不一样，他们的理由是无限的，可以远远超过你作为中国人基于本国生活经验所能想象的边界。我有时也在思考，印度人的权利观与其他西方民主国家有哪些具体差别？印度知名学者普拉塔普·巴努·梅塔（Pratab Bhanu Metha）在其《民主的负担》一书中，论述的关于民主的对比分析很有意思，他认为，以权利为基础的民主制度，其良好运行，对社会文明程度及大范围内的道德共识是有要求的。当年印度制宪者安倍德卡尔博士也早就提出，民主不仅仅是一种政府形式，它实际上是一种社会结合形式。这或许是印度民主运行中的关键挑战之一。

中印年轻人的潜力都很大，也面临各种挑战。这些挑战，很大程度上不是个体挑战，而是两国文化和两国发展路径在各自群体上的投射。印度是盛产思想家和辩论家的地方，对于印度的年轻学子，只要更勤勉，就可以在很多领域尤其是人文领域，取得了不起的成就。2017年，在维也纳举办的第24届威姆斯·C.慕斯国际商事仲裁模拟法庭上，年轻的金大学子击败来自世界各国的330个团队，其中包括那些世界知名学府团队，夺得第二名，令世界刮目相看。但印度不只需要思想家和辩论家，还需要务实的问题解决型人才。否则，社会底层的很多问题解决不了，短板永远存在。对于中国而言，新一代的年轻人不缺想法和创新精神，各种新技术、新商业模式层出不穷。但如果我们能够鼓励年轻人在政治、社会和精神层面上有更多独立思考，可能会让中国社会的运行更有质感和人文精神。

我经常在想，要是一个学生既有印度人的思想和口才，又有中国学生的勤勉精神和责任意识，那将是最具魅力也最有竞争力的全球化公民。就像美国著名印度史学家斯坦利·沃尔波特（Stanley Wolpert）所观察的，表达力强的印度人成为现实中最积极也是"最好争论"的传达者，用观念和见识激发彼此的想象力。我个人认为，中华文化中的内省、勤勉、大局观，以及新近政治中探索出的实用兼实验主义思维，也是中国人作为个体和整体在世界竞争中的优势所在。如果两者可以结合到同一个年轻人身上，那将是无可抵挡的全球竞争力。

4

金大不允许老师请学生吃饭

2018 年 9 月，金大教务长突然给全校师生发了一封信，禁止老师在家请学生吃饭。当时，有几位在金大读 LLM 的中国学生很焦虑，因为金大坐落在德里郊区的农村，这里几乎没有中餐馆。对于中国学生和学者而言，他们的中国胃短时间内很难适应印度饮食，尤其是金大食堂是纯素的。因此，中国学生和学者到金大后，都把我家当作"中国之家"，定期到我家做家乡菜。大学的政策发布在中秋节前，这让中国学生们措手不及。

学生们问我怎么办，我建议他们给校长写信，看对国际学生可否有例外执行的可能性。一个中国学生当天就给校长写信，一方面表达对政策的理解和支持；另一方面也提到，对中国学生来说，附近没有可选择的中餐馆，只能偶尔到中国老师家吃顿饭，化解思乡之情，希望大学能够予以例外执行。校长还真给他回复了，说他自己也曾是留学生，能理解留学生的饮食需求，所以，这个政策对国际学生可以例外执行。学生们这才放心。

大家可能会好奇，为什么金大突然不让老师请学生吃饭呢？这是有原因的，最主要的是与反性骚扰有关。大多数在海外的人只关注印度媒体上恶性强奸案件的报道，没留意到，性骚扰已成为该国高度敏感的话题。尤其在 2012 年"德里强奸案"后，女性权利意识已经在印度主流化。金大出现过老师与学生关系暧昧被投诉的事件，也出现过男学生性侵女学生被媒体报道的个案，这让大学在反性骚扰方面格外敏感。一旦有风吹草动，便立刻制定政策应对，甚至经常反应过度。不让老师请学生吃饭，只是校园众多反性骚扰政策中的一个。

谈到性骚扰，还要从一个让人揪心的案件说起。20 世纪 90 年代，拉贾斯坦邦一位受政府聘用的关注社区发展的女性社工，在制止一起童婚案时被残忍轮奸，这让印度女权组织非常愤怒。女性主义者卡普尔和她的组织萨克仕联合其他妇女保护组织及社会人士向印度最高法院提起了公益诉讼，要求对职场性骚扰进行专门立法。在此之前，印度立法中从未有对职场性骚扰的定义，处罚只能依据《刑法典》中的强奸罪、猥亵妇女罪或侮辱妇女罪来惩罚。最让妇女权利保护组织头疼的是，社会层面对职场性骚扰缺乏基本意识。印度最高法院受理了这起公益诉讼后，当时的大法官沃玛做出了一个历史性判决（Vishaka and Ors. v. State of Rajasthan）。该判决首先对职场性骚扰做出了界定，就如何预防和应对职场性骚扰制定了指南，简称为"维沙卡指南"（Vishaka Guidelines）。最高法院的指南具有指导性，在社会意识提升方面发挥了很大作用，但不具有强制执行性。因此，印度社会一直呼吁印度议会通过反性骚扰的立法。

2012年的"德里强奸案"改写了印度女性权利保护的历史，让女性问题从女权运动变成了全社会的关注点，大多数悬置的立法，包括职场性骚扰和对女性被泼硫酸等问题，都得到了议会的立法通过。2013年印度议会通过了《针对女性的职场性骚扰（预防、禁止与救济）法》，将"维沙卡指南"的主要内容上升到立法层面，里面明确定义了五类职场性骚扰：想占便宜的肢体接触，要求或请求性好处，有关性或性别的不当言论，提供有关色情材料，以及其他不受欢迎的与性有关的肢体、语言或非语言行为。该法第4条规定，10人以上的用人单位应该成立性骚扰内部投诉委员会，委员会至少包括以下成员：由高级别管理或领导职位的女性担任主席，还包括两位普通职员作为委员和一位关注女性权利或反性骚扰的民间组织代表。这些委员最好具有法律或社工背景，所有委员中，至少有一半成员是女性。法案规定，不遵守这一规定的用人单位，首次违法，处罚5万卢比；再次违法，处罚加重。

在"德里强奸案"将女性安全讨论主流化后，#Metoo运动将性骚扰和性侵这一沉默死角进一步打开，进而将性别意识主流化和女性权利保护推向高潮。从2018年下半年，反性骚扰的#Metoo运动开始席卷印度。2018年10月，女演员杜挞（Tanushree Dutta）首先拉开了印度的#Metoo运动序幕，她指控男演员帕缇卡（Nana Patekar）在拍摄宝莱坞浪漫喜剧《超车请按喇叭》时对其实施了性骚扰。在很短的时间内，娱乐圈就爆出 13 起性骚扰指控，这些案件大多发生在宝莱坞演员、制片人或歌手之间，其中既包括异性性骚扰指控，也包括同性性骚扰指控。不过娱乐界的大部分举报都陷入了口水战。同年 10 月，#Metoo 反性侵举报从娱乐界蔓延到了媒体界。2018 年 10 月 8 日，《印度时报》海得拉巴地区主编思锐内瓦斯（K. R. Sreenivas）被七位女记者投诉性骚扰及心理恐吓，五天后，这位主编被迫辞职。同一天，《印度斯坦报》政治版的负责人扎（Prashant Jha）被前同事举报性骚扰，他也很快辞职。还有其他几起针对媒体人的性骚扰指控，涉事当事人有的辞职了，有的还没确认。#Metoo 反性骚扰"战火"也快速燃烧到了政界。前《印度时报》主编、印度联邦议院议员、时任外交部副部长的阿克巴（M. J. Akbar）是第一个被举报的政府高官。2018 年 10 月 8 日，印度女记者普利亚（Priya Ramani）首先用推特将自己被性骚扰的经历公之于众。她应聘《亚洲时代》(Asia Age) 工作时，当时的面试官阿克巴对其实施了性骚扰。普利亚希望有更多女性举报这位性骚扰者的所作所为。很快，女记者帕乐维（Pallavi Gogoi）就在《华盛顿邮报》上公布了自己被阿克巴强奸的经历。此后还有十几人对阿克巴发起了指控。他被迫于 2018 年 10 月 17 日辞职。最终，#Metoo 运动之火还烧到了印度最高法院。2019 年 4 月 19 日，一名 35 岁的下级法院法官助理给最高法院 22 名大法官写信，指控时任首席大法官格戈依（Ranjan Gogoi）利用权力优势对其进行性骚扰……

近些年，除女性权利运动外，印度的同性恋群体也开始了社会运动。2018 年 9 月 6 日，印度最高法院在周哈案（Navtej Johar case）中宣布，1860 年《印度刑法典》第 377 条有关违反自然规律性交罪的条款违宪。这虽然只是法治上的一小步，但被同性恋群体广泛庆祝，其重要意义是使得"同性恋"这个传统禁忌话题在印度社会可以正常讨论。同性恋进入公共话语叙事平台后，他们便将女权运动争取到的很多权利延伸到同性恋群体，如《反职场性骚扰法案》的延伸。

大学是人员密集的场所，发生性骚扰的风险比较高。因此，作为印度大学主管机构的大学拨款委员会于 2013 年下发了《大学校园开展女性安全与性别意识项目的萨卡沙姆措施》，要求大学里的雇员强制性接受性别意识培训。而且大学也要给学生开展性别意识课、讲座或其他培训，最好在新生入学时就开展。对于大学拨款委员会强制性规定部分，大多数大学都或多或少地执行了；对于建议性的部分，如开设性别意识课，则绝大多数大学没有执行。

我所在的大学，师生更加多元，不仅包括印度不同信仰和不同阶层的人群，还包括来自不同文化背景的国际老师。因为此前发生过性侵事件，因此，大学对性骚扰问题非常敏感，不仅执行政府强制性政策条款，也会执行建议性措施。学校根据法律成立了一个反性骚扰委员会，接受师生投诉。新老师入职后，这个委员会对老师们开展性别意识培训。大学的电梯口、学校诊所的墙上，到处都贴着关于识别性骚扰语言和行为的提示。大学的一些学院还开设 4 学分或 2 学分的性别意识课。因为校园同性恋社群比较活跃，所有这些规定也适用于同性之间的性骚扰。

在这样的处境下，老师与老师之间，老师与学生之间，都需要绷紧反性骚扰的弦儿。在办公室与学生见面，不论是否为异性，老师们都要将门打开，窗帘拉起，这已经成为一种习惯。学校的要求没有如此具体，但大多数老师，尤其在海外有留学或工作经历的，都会比较注意。老师们一起吃饭时也会讨论此话题，认为这不仅保护学生，也保护无辜的老师。一位曾在美国斯坦福大学任教的老师就举了一个例子。在很多年前的斯坦福，有个学生的一门功课没通过，她到老师办公室，老师在与她见面时没有打开办公室的门，结果当老师拒绝为那个学生改分数时，那个学生抱住了老师，后又举报老师对她性骚扰，导致老师很被动。所以，大多数老师都很重视与学生见面时场所的透明性，这既有利于政策的执行，也是一种自我保护。就连校长办公室，开会时也将窗帘拉起。除了见面时创造透明空间和注意行为得体，在与其他老师和学生的书面或口头沟通中，大家也要尽量避免不得体或可能被误解的语言、行为。

禁止老师请学生吃饭，到底能否有效预防性骚扰行为的发生，尚不好评论。但无可争议的事实是，性骚扰问题在印度社会已经高度敏感化。性骚扰一旦出现，将会被媒体追踪，被社会放大，对一个机构和组织的名誉损伤极大。因此，像金大这样的精英大学，宁肯在政策上表现激进，也不愿意因为政策执行不到位而被指责。这种看似矫枉过正的做法，也是印度社会中政治正确的一种表达方式，进而印证了印度社会中女性保护高度政治化的事实。

5

印度大学的学术自由

中国驻印度孟买总领事袁南生先生曾在自媒体上积极评价印度的学术自由。让他印象深刻的是，在一次会议中，印度学者与官员就一些观点进行激烈交锋，这让他对印度的学术自由刮目相看。当然也有人质疑其观点，认为印度也有学者在官员面前毕恭毕敬。

袁总领事是从知识分子敢于对权力说"不"的角度来界定学术自由的。但学术自由的界定是否只有一个维度？如果不是，到底该如何界定？印度的学术自由实际上又是怎样的呢？我的亲身经历也许可提供一个更多元的视角。

对于学术自由，目前引用比较广泛的是全球公共政策研究所与风险学者网络联合发布的《全球自由大学排名报告》中的五个学术自由指标：（1）研究与教学自由；（2）学术交流和信息传播自由；（3）机构自主性；（4）校园伦理；（5）学术与文化表达自由。总结这些指标，我们可以将其简化为两个方面：学者的学术自由和大学的管理自主。

市场经济逻辑已经渗透到国家治理和组织治理的各个角

落，大学概莫能外。随着新公共管理改革、经济全球化和市场经济的全面渗透，大学的管理自主和学者的学术自由，已经不能单纯只从政府干预的单一维度来关注，而要从大学对多元利害相关人的问责机制来考察。市场经济的逻辑正深刻影响着高等教育管理的逻辑，也影响着公立大学和私立大学的运行逻辑。在高等教育监管上，政府正从直接管理者变为间接管理者，如政府通过排名、认证、评估等间接方式管理大学；通过将资金支持与评估、认证等方式相结合，以实现监管的有效性。目前，全世界不开展私立高等教育的国家已降到个位数，即便是那些公立教育传统很强的国家，如德国，政府也在拨款中引入绩效制。这些措施会或多或少推动大学向公司化管理转型，从而进一步影响着大学对老师的绩效考核。很多大学老师的聘用已从终身制变为合同制，大学老师的考核也已转向论文发表等公开透明的业绩指标，这些都是例证。因此，不只权力可能挤占学术自由空间，市场也能。

我们需要在这样一个复杂背景下看印度的学术自由，并区分公立大学和私立大学所面临的不同挑战，进而分别讨论机构的管理自主和学者的学术自由，才更有意义。

印度公立大学和私立大学的机构自主权存在着很大不同。私立大学的机构自主性早期受制于政策，因为印度当时不允许设立私立大学，私立教育机构只能挂在公立大学下面，机构自主性很低。后来，私立大学设立政策放开后，政府对其管理主要通过课程大纲、学分、硬件设施、国际师资聘用和学费等标准设定来调整，但政府一般不介入大学的内部管理。所以，私立大学的管理自主性更多受制于捐赠者和市场。对年轻的大学而言，在通过学费实现收支平衡之前，非常依赖捐赠人的早期投入。对于那些给大学自主空间的捐赠人，大学的自主性要好些，如金大，但毕竟是少数。大多数捐赠者都会介入大学的内部管理。所以，私立大学的机构自主性主要受制于捐赠者和市场。

印度的公立大学拨款尚没有采取绩效制，印度政府也不允许公立大学随便接受捐赠或者开展面向市场的项目，这让印度公立大学不必面临市场压力。其机构自主性，主要受政府干预和外部政治舆论氛围限制。具体而言，印度的公立大学，除了附属的私立学院外，纯公立的部分是全额拨款，这会导致其资金使用受到很多限制，政府也会介入大学校长选拔等诸多环节。所以，印度诺贝尔经济奖获得者阿玛蒂亚·森就批判印度公立大学的管理有点类似于政府衙门，过于官僚化。影响印度公立大学运转的，还有政治化因素。比如印度公立大学若想修改教材，会面临着很大的阻力。印度是很多元的社会，强调这个不强调那个都会引起政治争议，所以，教材的修订是很敏感的政治话题。既然不好修改，那就十几年甚至几十年不变，其结果便是阻碍了知识更新。

以 2021 年 8 月德里大学英语系本科生教科书的修改为例。德里大学英语系的教学大纲和教科书是 1999 年确定的，二十多年一成不变。2021 年德里大学监督委员会下决心予以修改，但引发了争议。其中最具争议性的是，拟将印度短篇小说家马哈斯维塔·黛薇（Mahasweta Devi）的一篇名为《部落女性》的短篇小说删除，以其他作家的作品取而代之。反对者认为，马哈斯维塔是印度乃至全球知名小说家，《部落女性》是其代表作之一，她的这一作品被删除，只是因为她属于达利特人（印度的贱民阶层），而替代作品的作者是一位高种姓。他们从而推定大学监督委员会对少数民族、低种姓群体有偏见，并列举了历史系、政治系教科书修改中的其他例证作为依据。大学监督委员会对此并不认可，他们认为教科书修改是必要的。老师们和学术委员会成员存在意识形态偏好，有反对声音也正常，毕竟左派满意右派就不满意，反之亦然。但这个事例足以说明政治因素对教科书修改的影响，进而影响大学自主性。

公立大学和私立大学的机构自主性差异，也会影响到老师的学术自由。在这里，我们将老师的学术自由区分为教学自由和研究自由。在公立大学，老师的教学自由是很受限制的，比如公立大学的本科教育，就要求老师按照学术委员会确定的教科书和课程大纲来照本宣科，但老师受到学生反馈的影响比较小。普通私立大学，一般会参考公立大学的管理，老师的教学自由也不会太好。但精英私立大学则不同，它们对老师本身的教学方法和教学材料没有特殊要求，只需要满足大学拨款委员会或相应的专业委员会对必修课的相应要求即可，为老师探索创新性教学方法和创新性选修课提供了空间。不过老师的探索也会受到学生评估的限制，学生会通过对老师的评价机制来鼓励或抑制老师们的创新实践。另外，学生和家长交了高昂学费，会有一种"顾客是上帝"的心理，会通过各种方法对考评机制施加压力。如疫情期间，金大的学生们就不停地给校方写信，要求把期末考试的提交时间延长一个月。尽管很多老师认为这项要求不合理，但校方还是答应了学生的请求。

在研究方面，公立大学和私立大学的学术自由是类似的，除了经费限制，其他方面的限制较少。需要大量科研经费投入的理工类学科，主要是公立大学在承担。在不需要大量经费投入的人文社科领域，公立大学的老师可以开展很多独立且有价值的研究。但因为公立大学是铁饭碗式的平均主义，市场的绩效机制尚未传递给公立大学的老师，这导致公立大学老师的研究积极性参差不齐。对于私立大学，除了少数研究型且有世界一流大学梦想的大学，大多还是侧重于教学，对于学术研究并不重视。从政治层面看，政府对学术研究的限制较少。以笔者所在的大学为例，不同意识形态和不同观点的学者并存，很少感受到政治红线的存在。即便在印度很有争议的话题，如有争议领土的归属、扎莫·克什米尔地区的自治等，虽然有些压力，但学者们可以开展研究，也可以公开发表自己的作品。

印度的学术自由，或多或少会因执政党的不同而不同。学界普遍认为，莫迪执政期间，学术自由的边界被控制得略严些。最近，印度知名政治学者梅塔从阿寿卡大学辞职的事件引起了轩然大波。梅塔属于自由派学者，对莫迪政府的印度教民族主义批判较多，包括对莫迪政府修宪改变扎莫·克什米尔自治地位的做法也大加批判。他原本是阿寿卡大学的校长，因为政府给校方施压，他最终辞去了校长职务，但选择在该校继续教书。2021年3月份，政府继续给阿寿卡大学施压，最终梅塔只好选择辞职，以让校方满足政府的要求。但他将辞职信通过媒体公之于众，引起了很大震动。

从政策层面看，《印度国家教育政策2020》表达了对学术自由重要性的关注，并从学术自由和机构自主两方面来推动，如强调培养学者和学生的创造性思维和批判性思维，强调大学要重视研究，倡导大学远离政治影响和将科研成果进行积极市场转化，并提倡以贤能标准选拔大学领导者等。从2018年开始，印度政府开始推行"卓越机构计划"，挑选最有潜力的十所公立大学和十所私立大学，通过政策扶持方式助力其世界一流大学建设。对私立大学，主要是给予大尺度管理自主权；而对公立大学，则是大规模增加经费。

印度的管理自主和学术自由在实践中可以走多远，既受印度大学的市场化程度、政府对大学的投入及执政党的意识形态影响，也受大学的机构能力和老师的学术能力限制。印度文化的基因是多元，争辩是其学术实践的必要组成部分。所以，在印度，即使遇到再保守的政党，他们对学术研究自由的政治限制也比较有限。印度学术研究自由主要还是受制于经费。所以，印度的学术研究，主要走经济型路线。根据有关数据统计，印度在论文发表的增长数量上已经超过了中国和日本，而且在每千万美元GDP论文产出上和人均GDP的论文产出上，也高于中国和日本。从某种程度上讲，除了某些少数领域需要大量资金支撑才会有实际研究成果外，大多数的研究主要靠独立思考。一个不受政治也不受市场挤压的自由空间，最有利于知识生产和思想生产。但这种理想化空间在现实中很难找到，比较而言，印度的多元文化基因和对大学的碎片化管理结构，还是为印度的学术自由提供了比较好的空间。

6

校园里的流浪狗

在印度的大学，校园流浪狗是一道风景。而解决校园流浪狗问题的难度，不比治理印度这个大国低。或者说，校园流浪狗的应对，是印度治理的一个缩影。

我们先从印度理工学院（马德拉斯）2020年底开始激烈讨论的"人－狗－野生动物之争"开始。印度理工学院（马德拉斯）是印度理工类院校的佼佼者，坐落在泰米尔纳德邦的金奈。这所理工学院的校园非常大，占地于旁边的贵地（Guindy）国家野生动物公园划分出来的一部分。因此，校园里有很多野生动物，如黑鹿、梅花鹿等。1990年代初，校园的水塘里甚至还出现过鳄鱼。90年代末期，校园里的流浪狗越来越多。根据印度媒体报道，到2020年，已经至少有176条流浪狗在校园里出没。这些流浪狗中，70%是温顺友好的，其余30%有攻击性。疫情开始后，大学停课，很多师生离开了校园，流浪狗的食物不再充足，它们开始攻击校园里的野生动物，陆续出现了野生鹿被流浪狗攻击死亡的事件。据校方调查，90%的黑鹿和梅花鹿的死亡是由校园里的流浪狗造成的。该校的流浪狗问题再次引起社会关注。

　　你可能会奇怪，流浪狗的应对有这么困难吗？捕杀或清除出校园不就可以了？但你可能忽略了一个事实——这是在印度。在印度，这么做，可是违法的，甚至构成犯罪。印度于1960年出台了《动物虐待预防法》，并成立了全印动物福利理事会，下设在印度渔业、家禽业和畜牧业部（现用名）。该法详细规定了动物福利理事会如何设立，什么是对动物的虐待，用动物做实验的程序和注意事项，对动物做功能性训练的程序和注意事项，以及违反者可能面临的惩罚。如机动车有意撞伤或撞死马路上的狗、猫、牛是违法的，处罚包括罚款和最高判处五年有期徒刑。此后，印度政府还出台了很多规则来细化对动物或宠物的保护。全印动物福利协会理事会也出台了一些具有强制执行力的指南，如规定物业、开发商、小区管理委员会不能拒绝带宠物的租户或买房客户入住，也不能因为宠物的数量而对其规定歧视性政策，包括不能拒绝他们使用电梯等。该规则还规定，喂养流浪动物是公民的一项权利，其他人不得阻止，否则违法。政策还规定，这些流浪狗不论进入私人还是公共空间，不能被强行赶走，而应该安排食物喂养它们。虽然狗在印度很受欢迎，但其繁殖能力很强，而且会伤人，狗的狂吠也会产生噪音，导致很多人投诉。作为回应，印度政府于2001年通过了《动物（狗）生育控制规则》，规定在有投诉的前提下，有关部门可以按照既定程序对狗开展绝育手术，但需要包括至少一名来自动物福利协会或民间组织的人员在场。为了平衡人的权利与狗的权利，印度政府委托专业人士做了测算，认为约70%的狗被绝育，才有可能维持它们数量的基本平衡。这就是印度校园流浪狗可以被绝育，但却不能被赶走的法律依据。

既要尊重规则，还要平衡各方关注点，这所印度理工学院可谓绞尽脑汁。他们专门花钱委托一个关注动物福利的民间组织来对大学的流浪狗进行清点，并将他们汇集起来做绝育手术和接种疫苗。然后又为每只已经在校园定居的流浪狗装上芯片，以追踪它们的踪迹，并用这种方式拒绝新的流浪狗进校园。他们限定了狗的活动区域，还设定了14个狗食投放点。就算如此用心的努力依然备受诟病，一些教职工投诉，14个投放点太多，会吸引新的流浪狗，而且现有的流浪狗也不见得都去投放点觅食，造成食物浪费。而野生动物保护者也不满意，认为这些措施不足以保护黑鹿和梅花鹿不受流浪狗的攻击。爱狗者抗议声也很强，认为这种限制构成了对狗的虐待。

爱狗者通过全印动物福利理事会推动政府行动，作为回应，金奈市政府呼吁这所知名理工学院尽快释放那些被限制的流浪狗。而野生动物保护者则以公益诉讼方式起诉到环保绿色法庭，他们认为，该学院是从贵地国家野生动物公园所属土地划分出来的，应该适用国家野生动物公园的保护规定，也就是为了保护野生动物而限制流浪狗。绿色环保法庭对这一想法予以支持。但是该学院毕竟不在森林地区，要是按照野生动物公园的规定，限制流浪狗的合法性问题解决了，但野生动物保护问题又出现了。此前，就有野生动物保护者提起过类似诉讼，但该学院在抗辩中指出，自己不在森林地区，不应该被列入国家野生动物保护区域。至今，争论还在继续……

在印度，不论是新设的还是历史悠久的学校，都或多或少面临校园流浪狗的问题。我所在的金大，每天也上演着爱狗者、怕狗者和恨狗者的纠葛剧。有时他们会用群发邮件的方式，将争论扩大到整个校园。他们经常抱怨自己或孩子被校园流浪狗追赶，甚至被咬伤，质疑大学为什么不能创造一个安全的校园环境。说实话，校园里的大多数流浪狗还是很温顺的，甚至比宠物狗还温顺，但那少数不温顺的也很吓人。很快另一封致全校的公开信就来了，信中抱怨大学的保安追着流浪狗穷追猛打，致使个别狗的腿被打伤或眼睛被打瞎，这种行为太过残忍。还有一次，一位受邀到金大讲学的美国教授被一只狗追咬，那位教授回美国后给大学发了一封信，说要在美国起诉金大，并提出了十几项诉讼请求。还好，追他的那只狗是有主人的，大学向他做出了多项承诺，并让狗的主人赔礼道歉，最终才使那位美国教授放弃了诉讼。

我们家的邻居是一位德国人，她特别爱狗，看到可怜的流浪狗就会收养。结果狗又生狗，高峰期她家竟然养了19条，晚上特别吵。而且她每天需要下楼遛狗，免不了拉屎，楼道里全是狗留下的气味。中国人不爱多事，除了我们没投诉，其他邻居都投诉了。有人投诉她的狗袭击孩子，有人投诉她的狗随地大小便，也有人投诉她的狗夜里扰民。本来有很多附近的村民想收养她家的狗，但是这位女士担心农民照顾不好它们，一直想将这些小狗仔送到欧洲收养。大学举行了听证，决定让她搬出去。她找了金大学生社团——动物福利协会，学生们又给全印动物福利理事会打电话，有些学生的家庭关系可直达高层，结果高层就打电话给大学校长，说大学无权这么做，因为她有权利来养这些狗。此时似乎陷入了一个死循环，免不了邻居们还得投诉，大学还得处理。最后她做了一些妥协，在附近村里租了房子，并专门雇人来照顾这些狗。不得不承认，她对狗的感情真的太深了！

狗的问题占用了学校管理者很大一部分精力。有一次接待康奈尔大学法学院院长时，聊天中，校长说流浪狗问题是自他管理这所大学以来少数几个最令他头疼的问题之一，想问一下康奈尔大学有关流浪狗的政策。但因为两国立法不同，康奈尔大学的政策无法为他提供直接参考。我后来问了校长一个法律问题，如果流浪狗咬了人，金大会被追责吗？校长说，目前还没有人因为被流浪狗咬而起诉大学，否则，这会为他增加一条将流浪狗赶出校园的理由。2021年4月，大学新上任的教务长被狗咬了，不仅缝了好几针，还打了好几针狂犬疫苗，并因此在印度疫情最危急时刻不得不推迟新冠疫苗的接种。但他是爱狗者，认为是保安总追赶狗，才激起了它们的攻击性。所以，他并不抱怨狗，也不会起诉学校。我们听他分享这段经历时，校长也在场。本来校长想用他的遭遇作为疫情期间驱赶流浪狗的"药引子"，结果出乎意料，首先遭到了受害当事人本人的反对。

疫情初期，印度施行了严格的封锁政策。国家停摆，众多生灵面临着生存危机。校园外，贫困的家庭面临着生存危机，而校园内的花木鸟兽也面临着生存危机。因为停课，大部分师生离校回家了，没有爱狗师生的庇护和喂养，这些流浪狗们一个个瘦骨嶙峋，数量锐减了一大半。对它们而言，活下去是首要选择。它们平时都很温顺，很少攻击人或其他动物。但是，现在饿到极点的流浪狗，有些开始追捕在校园里闲庭信步的鸽子或者野孔雀。我看到过狗撕咬鸽子的情形，我儿子在阳台上也曾看到过楼下的狗正在撕咬野孔雀。生存的困境，使很多情形发生了改变。对大学的管理者而言，他们认为这是一次将流浪狗"请出"校园的宝贵机会。但是，他们刚一行动，那些不在校园的爱狗师生们立刻得到消息，并通过他们的关系让高层再次给校长打电话。结果大学还得拿出专门资金为狗设立投食点，以防止它们饿死或离开。大学也没办法，因为法律和政策就是这么规定的。很快，校园里的流浪狗又多了起来。但校长还不打算放弃，说在等一篇关于狗也可能传播新冠病毒的媒体报道，这样他就有了清理流浪狗的理由。但直到疫情结束，这个问题仍未解决。

校长说，他此生做得最后悔的几件事之一，就是在大学开始运行时没有制定下一条规则，即该校园不允许养狗。现在他已经无力回天……因为校园流浪狗的存在已既成事实，满足各方利益诉求的方案无法找到，学校只能在妥协中让事情变得越来越复杂。

　　这跟印度的国家治理逻辑有相似之处，印度的立宪妥协是建立在承认和维持多元的基础上，这注定了政府只能成为一个对话场域而不是执行场域。印度生活中的很多无奈，多半与执行有关。私营机构执行力强，是因为他们有一定的垄断性权力；但即便如此，在一些问题上，国家治理逻辑也会投射到它们的治理上，使其无法脱离动态博弈的逻辑。从效率的角度看，这肯定是不好的，相互掣肘，不过，从社会稳定的角度看，又有积极意义，很多矛盾在日常博弈中消解；即使不能消解，也都能找到自己的说理平台。

7

与印度精英共事

中国自媒体中存在一种有趣的现象，那就是"黑"印度和"捧"印度精英的文章都以高频次出现。印度的脏乱差、火车开挂、强奸女性、种姓差别在生活中的离奇表现，还有各种在其他文化里罕见的宗教习惯，如恒河水撒骨灰，恒河水沐浴，对神牛包括牛粪、牛尿的各种崇拜，这些都是国内自媒体"黑"印度的老话题，并换着花样更新。当然，在这样一个看似一无是处的国度，却又为世界培养了大量领导型人才，不论是跨国公司的 CEO，还是一些国际知名商学院的院长，抑或国际多边机构中的高层领导，很多都来自印度。这又让中国人好奇，甚至有些羡慕。所以，试图解释印度精英成功因素的自媒体文章也很多。

从我自身的经历来看，中国自媒体上关于印度精英的一些猜测或结论，跳不出几个相对笼统的总结，但缺乏近距离的观察视角。印度人自己对印度精英的总结，如果没有跨文化生活对比，也有偏颇之处。当然，这或许本身就是一个见仁见智的问题。希望我与印度精英共事的经历能给读者一些不一样的启发，帮大家开拓一下思路。

要探讨这个问题，或许我们首先要质疑一下，印度精英的国际竞争力会不会是一个伪命题。印度精英的国际竞争力这个话题，是 2011 年《时代周刊》首次提出的。卡拉·帕尔（Carla Power）在 2011 年 8 月 1 日的《时代周刊》上以《印度的领先出口：职业经理人》(*India's Leading Export：CEOs*) 为标题撰文，探寻印度职业经理人的竞争优势。那时，花旗银行的首席执行官维克拉姆·潘迪特（Vikram Pandit）、百事可乐的首席执行官英德拉·诺伊（Indra Nooyi）以及哈佛商学院院长诺利亚（Nitin Nohria）和欧洲工商管理学院院长迪帕克·杰恩（Dipak Jain）都是印度裔，不过远没有今天多。帕尔采用案例研究方法，主要研究几位印度裔高管是如何成为全球跨国公司总裁的。

至于印度裔职业经理人是否比其他国家成长起来的职业经理人更有国际竞争力，在当时有不同争论，甚至有的争论延续到今天。

有的认为，印度裔职业经理人有些独特造就因素。帕尔在《时代周刊》上的文章，就是想在常规性解释因素，如多元文化、竞争性环境、资源紧缺的成长环境和英语思维之外，通过访谈印度职业经理人探寻常规性探讨中没有被挖掘的因素。从印度成长起来的、任职全球大公司 CEO 们的反思来看，他们中的一些人认为，在印度，你去跟政府沟通时，实际上要面对 600 个不同观点的人，在这样的背景下成长起来的职业经理人，他们得具有很强大的能力才能做成一件事。当然，也有印度经理人认为，印度的全球沟通网络是非常重要的资本。他们比较有共识的一点是，家庭支持对他们的问题解决能力和领导力培养非常重要。

来自密歇根大学商学院也是核心竞争力理论的创始人、印度裔教授普拉哈拉德（C. K. Prahalad）也认为，在印度长大本身就为管理能力的练就做出了卓越准备。2018 年《印度制造的经理》（*The Made-In-India Manager*）一书的作者戈珀克里希纳（R. Gopalakrishnan）和巴拉吉（Ranjan Banerjee）进一步发展了这个观点。他们认为，管理的核心就是要了解问题，找出解决不同问题的办法并予以执行。一个经理人成长过程中遇到和解决的问题越多，他（她）的管理能力就越多元。在印度长大的职业经理人，他们从小就需要去应对和解决这些问题。他们首先要通过激烈竞争才能进入到好的中小学和大学；日常生活中面临着各种困扰，如经济收入不足和基础设施不便；他们会观察和参与大家庭如何抱团取暖；他们还会面临着长者的价值观灌输，以及宗教层面的精神专注训练等——这都使他们经历了足够的磨砺。虽然世界上很多国家都有其中一种或多种挑战，但将上述所有挑战以某种方式集中到一起的，可能只有印度。

但也有的学者包括印度裔学者并不认为印度裔高管在全球 500 强中有什么特别之处。纽约大学斯特恩商学院的潘卡杰·盖马瓦特（Pankaj Ghemawat）教授和来自布鲁塞尔的一家智库的赫尔曼·万特勒频（Herman Vantrappen）研究员在 2014 年 3 月 7 日的《哈佛商业评论》上撰文认为，从 2013

年全球 500 强的 CEO 统计看，非印度公司中的印度裔 CEO 只有三位（荷兰钢铁公司、德意志银行和可口可乐公司），这个数量跟当时非巴西公司的巴西裔 CEO 的数量是一样的，比非南非公司的南非 CEO 还少两位。他们还认为，微软公司之所以选择纳德拉，很重要的两个原因是，微软公司有近三分之一的员工是印度裔；其一半多的收入来自美国之外的国家。在他们看来，是否聘用公司总部所在国家之外的 CEO，既取决于跨国公司的全球性，也取决于跨国公司的开放度。欧洲、美国和日本的跨国公司就对聘用国际 CEO 相对开放，而其他国家尤其是发展中国家的跨国公司就非常保守，如印度进入前 500 强的八家公司，没有一家聘用非印度裔 CEO。这也不仅仅限于印度公司，两位作者还发现，总部在金砖国家的 112 家世界 500 强，聘请非母国公民担任 CEO 的只有三家。

我个人认为，印度人的国际竞争优势，尤其在西方世界的国际竞争力，如果说 2014 年还是个有争议的话题，那么到今天就不再有争议了。从 2014 年下半年开始，印度裔的商业领导力正逐渐被知名跨国公司所认可。就在 2014 年，谷歌选择了印度裔的皮柴为 CEO。到 2020 年，世界上有 12 家大型科技类跨国公司的 CEO 都是在印度成长起来的印度裔 CEO，如 IBM、谷歌、微软、诺基亚、Adobe、Mastercard、Arista Works、Palo Alto Networks、NetApp、Harman International、Micron Technology、Reckitt Benckiser 等。2022 年，星巴克也选择了印度裔 CEO。

不仅如此，从 2010 年开始，印度裔开始当选欧美商学院院长，如尼廷·诺利亚 2010 年成为哈佛商学院院长，2011 年迪帕克·杰恩被任命为欧洲工商管理学院院长，苏尼尔·库玛尔（Sunil Kumar）被任命为芝加哥大学布斯商学院院长，2012 年苏米特拉·杜塔（Soumitra Dutta）被任命为康奈尔管理学院院长，2018 年拉古·孙达拉摩（Raghu Sundaram）被纽约大学斯特恩商学院任命为院长，2020 年斯里坎特·达塔尔（Srikant Datar）被任命为哈佛商学院院长，以接替此前的印度裔院长诺利亚。虽然法学院院长中印度裔尚少，但从 2014 年 7 月印度宪法学家苏吉特·乔达瑞（Sujit Choudhry）被任命为加州大学伯克利分校法学院院长也可看出，随着印度本土法学教育的提高，未来美国知名法学院中出现印度裔院长也不会罕见。印度裔在多边国际机构中还经常担任主要或重要职位，如考希克·巴苏（Kaushik Basu）任世界银行 2012—2016 的首席经济学家，古塔·戈皮纳塔（Gita Gopinath）于 2019 年被任命为国际货币基金组织的首席经济学家等，英德米特·吉尔 2022 年被任命为世界银行经济学家，2023 年，同为印度裔的彭安杰被任命为世界银行行长。

更值得关注的是，印度裔在美国的影响力不止在商业领域，在美国政坛也是风生水起。卡马拉·哈里斯（Kamala Harris）于 2021 年当选美国副总统将此推到了新的高度。在 2021 年 3 月 5 日庆祝美国火星探测器顺利着陆时，拜登向 NASA 宇航员祝贺，当印度裔女科学家史华蒂·莫汉（Swati

Mohan）感谢他百忙之中来慰问时，拜登竟然情不自禁地说：
"你在开玩笑吗？那是我的无上荣幸。印度裔正在接管美国，
包括你，我的副总统哈里斯，还有我的发言撰稿人赖迪，都
是印度裔。非常感谢你们，你们真是太优秀了。"这足以看
出印度裔在美国的影响力。而 2022 年印度裔里希·苏纳克
（Rishi Suank）当选英国首相更是创造了历史。

接下来的一个问题是，如果印度人更有国际竞争力，那
么其国际竞争优势到底来自哪里？我来印度之前，对印度缺
乏了解，对印度裔的国际表现也近乎空白。但到印度工作
后，我一直在思考印度精英和中国精英的差别，以及怎样的
文化差异导致了中印精英的不同。

结合我自己与印度精英多年共事的经历，以及在美国与
中国人和印度人的交流经历，以下两个要素也许更能解释印
度精英的国际竞争力：一是多元环境中的沟通力、决策力和
执行力；二是印度精英搭建社交网络的双重性。这两个因素
在当下讨论中很少被触及。

一些自媒体将语言解读为印度精英国际竞争力的重要优
势之一。虽然语言在获取信息和沟通方面是很重要的工具，
但核心绝不是语言。我认为，印度精英最大的一项能力，是
对多元的想象力和驾驭力，也就是跨文化的沟通力、决策力
和执行力。

虽然中国和印度都将自己的文化描述为"多元统一"，
但两者内涵完全不同。虽说中印都地域广阔，语言、民族、
风俗等也都非常多元，但两者的文化"融合"逻辑很不一

样。中国的多元融合类似于混合蔬菜汁模式，将不同蔬菜打到一起变成混合蔬菜汁，虽然蔬菜各自的味道还略微能感受到，但是，已无法区分开各种蔬菜品种，它们只能以蔬菜汁这种"混合态"而存在。而印度的多元融合则是拌沙拉模式，把西红柿、黄瓜、生菜等通过沙拉酱拌到一起，虽然也是一盘新菜，实际上，你可以轻松区分开西红柿、黄瓜和生菜，甚至是沙拉酱。

这两种多元文化的不同融合方式，塑造了我们对"多元"的不同想象力。中国作为大一统的国家思想与文化，已存续了两千多年。"统"的思维不仅仅植根于执政理念，也渗透进我们每个公民的思维之中。这是中国效率或执行力强的一个重要文化支撑，但也制约了我们对多元的想象力。日常生活中，我们将"不同"习惯性地解读为负面信号。面对"不同"，我们的第一反应是防御，并试图通过各种正式或非正式方式来消除"不同"，从而错过了以"不同"为前提且由不同思维逻辑的精英参与规则设定和解决问题的历练机会。在印度的语境下，他们将"不同"看作是很自然的事情，而将"同"看作是例外。这使得印度精英在跨文化环境下的沟通和决策更有优势。

也有人认为，印度精英在本土创造不出大公司，所以只能去国际上打工。印度当然有很多本土大公司，这不需要怀疑。但印度本土环境下的领导力挑战和在国际大公司中的领导力挑战不一样，也是事实。

在印度本土环境下，目前的多元沟通和多元决策做得不错，但多元执行很不理想，这也是为什么很多精英逃离印度的原因。英美的规则意识正好弥补了印度精英在本土环境下无法驾驭的执行短板，让他们具备了多元沟通、多元决策和多元执行的综合领导力。而那些返回印度成功创业的印度国际精英则是具备了多元沟通力、多元决策力和本土执行力的顶级精英，甚至比在海外的印度精英更值得重视，因为他们正是改变印度的中坚力量。

比较幸运的是，我在印度本土见证并参与了印度国际精英的创业。毫无疑问，金大是印度国际精英放弃国际舞台回国创业的经典案例，而且是一个非常成功的社会创新实验。对印度精英而言，能在国际舞台崭露头角，不是真正的挑战，真正的挑战是在印度本土创造奇迹。我2014年加入金大，那时金大只有五岁，是创业的关键阶段。金大创始校长库玛尔对中印学术交流很重视，确立由我负责金大的对华合作，并受其直接领导，这使我有了近距离观察他的机会。

库玛尔看人很准，而且在用人上，非常多元化。他大胆聘请不同意识形态的学者加入大学，有些甚至是印度最具"批判性"的学者。在管理上，他聘请国际上非常资深的学者加入到管理层，多的时候，金大有三分之一学院的院长是美国学者。另外一些国际资深人士，如已经退休的印度或外国的大使，甚至其他国家的外交部副部长，也被他邀请进大学的管理团队。在决策会上，他会经常遇到不同的质疑，但他有能力在不同建议之间进行调和，并最后形成有价值的决策。不仅如此，印度大学的校长还要经常召开公开对话会，聆听学生或老师对学校政策的质疑或询问。库玛尔也一样，并能从容应对。他有强大的心理素质，不怕公开挑战，不怕公开辩论，这让我刮目相看。

在多元环境中，通过民主讨论制定方案已是不易，但更难的是执行。在印度，经常是讨论出完美方案即是终点，执行面临着太多的障碍。私立机构也面临着这种挑战，如我在《车上真的有空调》一文中所言，管理者不仅要决策上"抓大"，还要在执行上"抓小"。为破解印度执行难，这位校长需要投入很多精力。他说，自己一天的工作时间是18个小时左右。这也难怪我们经常第二天看到他半夜发来的邮件。关于印度人不勤奋或只会纸上谈兵的说法，不适合这万分之一的顶级精英。

领导力的发挥不仅仅需要自身能力，还需要一种支持性社交网络。初听，中国人会感觉到，印度的社交网络跟中国没什么大的不同。中印都比较重视人与人之间的关系，或者说是人情联系。但在印度生活一段时间，又在美国访谈一些中国人和印度人之后，我发现中印社交网络的内核差异还是挺大的。

从下面两段访谈见闻中，我们可略见一斑。2015年参加哥大校友会时，我遇到了一个刚硕士毕业一年的中国小学妹，那时硕士能留纽约已属不易，她属于比较优秀的，留在了纽约一家公司。初入职的她感到压力很大。她去求助那些早些年加入该公司的中国人，可他们都不愿意帮她。而与她同时入职的印度同事，却得到了好几个印度同伴的帮助。她去求助印度人，印度人也不理她。她说，自己有一段时间近乎崩溃，感觉支撑不下去了。我当时正在纽约大学的布伦南正义中心实习，基于小学妹提到的印度社交网络信息，访谈了一位印度裔管理者。我问她为什么海外印度人那么容易帮助彼此。她说，自己也很纳闷。她父亲每次听到印度人着急租房子的信息时，连细节都不问，就以较低的价格租给他们，实际上他也被同胞骗过，但仍会这样做。

这两段访谈可帮助我们理解印度 CEO 提炼的支撑印度领导力的社交网络要素，也就是，印度存在着一种低功利、互助型网络。这种民间互助网络以大家庭为基础，延伸到同一种姓或相同社群，在海外则可能延伸到所有印度人。这种社会互助，是以同理心为基础，同时在宗教或社群的加持下，让信任超越了功利目的。但这并不意味着，印度人不看重功利型网络，我们在《在印度建一座哈佛》一文中也提到，库玛尔校长需要在政府内打动有识之士，建立起另一种社交网络，来推动立法政策执行。普通人也如此，他们要在互助型网络之外，建立一个功利型网络，来帮助自己和家庭克服官员日常权力滥用或官僚化带来的生存和发展障碍。

总结一下，我们就会发现，印度人的社交网络具有双重性，分为互助型和功利型两类：一种是以同理心为基础的社群网络，侧重互助，较少有功利心；另一种是超越血缘和社群的功利型社交网络，也就是结交跟自己处于相同发展阶段或高于自己发展阶段的人以解决印度的过度官僚化问题，或帮助自己在海外更好发展。不论在本土打拼还是在海外发展，印度人会同时建立或进入这两种网络。两种社交网络会进行有效互动：一方面，社群型网络可以帮助拓展功利型网络，从而提升个体或社群在社群之外的资源动员能力；另一方面，社群型网络中培养的同理心和互助习惯，使其功利型网络往往显得不那么急功近利，反而拓展得更快更稳。

比较而言，中国的顶级精英虽然也同样勤奋和有战略谋划能力，但文化惯性束缚了他们对多元的想象力和驾驭能力，这使他们一旦跨出文化舒适区，就会遭遇领导力减损的尴尬。在支持性社交网络上，随着经济发展和对传统文化的批判，互助式、低功利性的社交网络在中国已近乎消失，现有的小家庭之外的社交网络大多是功利性的，甚至是商品化的，信任性差，社群感弱。这可以解释我那初入职的学妹得不到帮助而她的印度裔同事却能得到同胞的鼎力支持的差别；也能解释为什么微软有三分之一的员工是印度裔，而这三分之一的印度裔员工又会使微软选择纳德拉作为 CEO 的原因。

8

贾特人骚乱为哪般

2016 年 2 月下旬，直升机轰隆隆地起降在校园的停机坪，运来一批又一批穿着军人制服的官兵。这些官兵从停机坪走向停车场的军用大巴，然后被运往执勤点。这场景已经持续了几天。每次我都站在教学楼上认真观察着，努力寻找事件的线索，以帮助自己判断形势。师生们人心惶惶，教学已经无法正常进行。政府宣布该市的所有大学和中小学停课一周。手机已不能上网，能离开的学生早已离开。家远不能离开的，则留守在校园。校园已经封闭，各个入口被保安和军警严格守卫，师生不能外出。平生第一次如此近距离地感受骚乱，我的心情有些复杂。

家里剩余的食物早已吃完，我们只好靠学校食堂填饱肚子。在食堂吃饭的老师越来越多，大多像我们一样，家里食物吃完了，又无法外出买新的补给。神情紧张的我，借在食堂吃饭的机会，认真聆听同事们就此事开展的讨论。有位老师气愤地说，"贾特人又骚乱了，还是为特留权（reservation），他们可是高种姓"。另一位老师说，"听说他们今晚要冲击大学，因为大学为军警执勤提供了便利"。我想，这个便利是指大学允许军队使用其停机坪。此前，也听其他老师说过，地面交通已经阻断，军队派不过来。而在这片农村地区，只有金大有直升机停机坪。因此，政府跟金大达成协议，政府用金大停机坪运送维持秩序的官兵；作为回报，部分官兵留在校园保卫师生安全。

还有其他老师讲述这次骚乱的暴力程度，什么麦当劳被烧了，什么公交大巴被烧了，什么给德里供水的系统被示威者切断了等。还有成百上千参加抗议的女性把火车道给占了，铁路运输也停止了。后来看新闻得知，这次贾特人骚乱造成 30 人死亡，200 多人受伤，一些店铺被烧毁，造成经济损失达 30 亿美元。我们所在的哈里亚纳邦八个地区有不同程度的损失，而大学所在的索尼帕特市是骚乱重灾区之一。这也难怪政府宣布宵禁，并授权军警可以对抵抗者直接开枪。

我的印度同事将这当作新闻，热烈地讨论着。根本没注意到我这个外国人有多忐忑。我再看其他外国老师，似乎也没有我如此忐忑。后来我才明白，这种心理恐慌，源于我对印度了解太少。在中国时，我只听说过印度有四个种姓：婆罗门、刹帝利、吠舍和首陀罗。到印度后，知道"贱民"是在四大种姓之外的更低阶层（outcast）。但是，在骚乱之前，"贾特人"这个种姓，我肯定是没听说过的；特留权这种制度，也是闻所未闻。在危机中，如果全是知识盲区，就会增加不确定感，自然容易紧张。

于是，我开始恶补印度种姓和特留权方面的知识。

印度的种姓制度是个复杂的命题。对于其形成和构成，人们有不同的看法。但大家的基本共识是，理解种姓一般有两个维度。第一个维度是宗教观念上的阶级分层。《梨俱吠陀》中将种姓分为四类，就是我们常提的婆罗门、刹帝利、吠舍和首陀罗。至于这四类是怎么来的，一种解释认为，婆罗门、刹帝利和吠舍，是雅利安征服者根据职业将人划分三类，也就是祭祀、武士和平民。婆罗门负责诵读和解释经典，以及掌管祭祀仪式；刹帝利则是武士和统治者，如佛陀弃绝前就曾是释迦族的王储，属于刹帝利；吠舍是平民，善于做生意。而首陀罗是被征服的哈拉帕人，属于奴仆系列。随着雅利安文明的开疆拓土，又增加了一个比首陀罗更低的种姓——贱民（现在印度社会中用"达利特"来指代，意思是受剥削的人）来区分更卑微的人。首陀罗是不能聆听吠陀经书的，否则耳朵里要被灌融化的铅。对贱民的限制更甚，包括空间上的限制，如不能走同一条路，不能用同一口井等。

第二个维度是实践中的种姓制度，也就是包括了几千个亚种姓的伽提（Jati）制度，这是指由地域、职业、所属部落等元素进一步划分的社会亚群体，也是现代印度社会中的种姓概念。独立后，印度中央政府于1953年任命了"卡莱奥卡委员会"来调查印度的落后阶层，此委员会以种姓为标准，将2399个种姓列入落后阶层名单。因为大家对这份报告不满意，70年代的"曼道委员会"再次就落后种姓问题出具报告，并将 3743 个群体列入落后阶层。简而言之，今天的印度种姓身份确认，不是根据《梨俱吠陀》中的简单四分法，而是融合了更多元素的亚种姓身份来识别的。

贾特人就属于这样一种亚种姓，其主要分布在旁遮普邦、拉贾斯坦邦和北方邦。历史上他们被认为是高种姓，属于有地农民，在政治上也比较有话语权。如从 1966 年哈里亚纳邦建邦开始的十位首席部长中，有七位是贾特人。另外，贾特人占哈邦选民的 27%，有能力左右选举结果。但是，在城镇化和工业化的过程中，他们的传统优势正在消失。贾特人看到其他低种姓因为特留权制度而快速发展，便也积极争取特留权。哈邦政府考虑到贾特人的选举影响力，早已在邦层面给了特留权。但是，贾特人在争取联邦政府层面的特留权时，却遭遇到最高法院的限制。所以，他们要抗争，并引发骚乱。

贾特人是为特留权而抗争，那特留权又是一种什么制度呢？

在印度的独立运动过程中，很重要的一个观点是，英国人利用了印度的种姓不平等来实现其殖民统治，并通过殖民时期的政策强化了种姓问题。所以，独立后的印度下定决心要在宪法层面解决这一问题。但如何解决，独立运动的领袖们之间存在分歧，最主要的分歧发生在甘地和安培德卡尔（贱民领袖，也是《印度宪法》的主笔）之间。甘地的梦想是印度教的融合而不是分裂。他主张种姓分层是印度教的核心，但他不赞成"不可接触实践"。他认为纠正"不可接触实践"的主要方法是呼吁高种姓的道德回归，将贱民当作离神最近的孩子，给予发自内心的爱护。而安培德卡尔却认为，印度教本身就是恶的，道德反思没有作用，必须从宪法上为不可接触者进行政治赋权和经济、社会赋能。安培德卡尔的要求是，在制宪会议选举中，参照对穆斯林和天主教信徒的政策，将达利特群体作为一个独立的选民社群。这遭到了甘地的坚决抵制，甘地为此绝食 21 天，并发誓终生反对这一方案，最后安培德卡尔妥协，同意用特留权而非分别选举方式作为折中方案。

安培德卡尔作为《印度宪法》的主笔，在宪法中尽可能地扩展特留权的适用范围，为那些被列入落后阶层或落后部落的公民在受教育、公职招聘和选举等方面预留特别比例的席位。受教育的特留权包括公立大学入学、奖学金获得，还包括中小学生的书本费补贴等。公职特留权适用于所有公共部门的职位招聘。而选举预留权则主要是针对基层自治组织、城市自治组织、邦议会和联邦议会人民院的选举。特留权主要适用于三类人：表列种姓（主要是达利特人）、表列部落以及其他落后阶层，但不是统一适用。受教育权和公职招聘的特留权适用于表列种姓、表列部落和其他落后阶层，而选举席位的特留权只适用于表列种姓和表列部落。其配额分配，按照所占人口比例及历史上受压迫程度而决定。目前，表列种姓被给予 15% 的名额，表列部落被给予 7.5% 的名额，剩余的 27% 配额给予其他落后阶层。这意味着，印度特留权的配额比例已占到总量的 49.5%。

作为一项激进的平权措施，特留权制度原本计划是短期性和过渡性的，比如议会席位的特留，原计划施行十年，但此后每十年宪法就授权延期一次，直至今日仍然倔强地存在着，甚至还有扩大的趋势。制度扩大的驱动点是"其他落后阶层"的界定。

"其他落后阶层"就像一个大口袋，由于其界定比较有弹性，它成为撕裂印度社会的一道伤口。20世纪90年代经济自由化改革后，人们对政府部门的铁饭碗工作更加看重，原本局限于本地化灵活处理的"其他落后阶层"特留权制度，成为政客争取选民的有力工具。因为利益大、标准弹性、没有退出机制，而印度又是一个发展刚刚起步且人口众多、落后群体广泛的国家，这使得"其他落后阶层"的特留权争夺成了政治角逐的关键话题。印度非常有影响力的政治学家梅塔在《民主的负担》中深刻指出，"毫不夸张地说，种姓是印度选票动员最重要的武器，种姓与投票偏好有着紧密的相关性"。

为迎合选民，落后阶层包含的种姓越来越多，这让高种姓群体感觉到被歧视。以哈邦为例，在80个种姓中，已经有64个种姓被列入可享受特留权制度的名单，不享受特留权的变成了少数。贾特人本来处境并不弱势，他们在城镇化和工业化过程中面临的难题也是发展中国家农民普遍面临的问题，但是，当特留权制度实际存在且对他们产生不利影响时，他们一方面迁怒于特留权制度，另一方面也寄希望于特留权制度来实现逆转。这是他们发起声势浩大的抗争性骚乱的直接原因。

为了遏制政治家用扩大特留权争取选民的热情，作为《印度宪法》守护神的印度最高法院开出了两剂药方——奶油夹层排除规则和特留权总上限比例不超过 50% 的原则。奶油夹层排除规则是指，即便是低种姓，如果在政府中已经取得特定职位或者经济收入已经达到特定数额的，其子女将不再享受特留权待遇。特留权总上限比例是指所有享受特留权群体的配额比例不能超过 50%，但邦一级已经突破了此限，现在最高法院正努力守住联邦级系统 50% 的上限。这也是为什么贾特人在联邦层面争取不到特留权的原因。莫迪政府 2019 年修宪增加了一个"经济落后阶层"，并给予 10% 的特留权，这应该已超过了联邦系统 50% 的比例。目前印度各界还在等最高法院的裁决。这也是印度社会运行逻辑的一个缩影，政治家面临选民压力，可以通过推动立法来兑现选举承诺，而得罪民众的决定则由不面对选民的最高法院来做出。

特留权制度在印度社会中争议很大，尤其是在中产阶层。我所在的大学是一所私立精英大学，绝大多数学生都来自不享受特留权的家庭，他们对此的态度大多是批判式的。我有一个学生毕业后去参加某邦基层法官考试，一共十二个名额，八个是特留的，她要竞争的是剩下四个名额中的一个。我在《印度高考有多难》一文中，也提到特留权制度对印度学子竞争优质高等教育资源造成的压力。另一个值得关注的问题是，早期的特留权制度只关注高等教育而不关注基础教育，因此，很少有落后种姓的孩子能读到大学阶段，这导致高等教育中的很多特留权配额被空置。

虽然特留权制度有这样那样的问题，但印度没有通过暴力革命方式打破阶层禁锢，而是通过更为和平的宪法性平权措施来纠正历史遗留下的不平等问题，值得我们关注和研究。印度的种姓特留权制度取得了不错的进展，如达利特人在公立大学任教、在印度联邦公务员 A 类（最好的公务员）职位上的比例都有了明显提升。虽然有研究认为印度达利特人的处境改善没有美国黑人明显，但也有研究显示，与尼泊尔的达利特人相比，印度达利特人的处境要好很多，而这正受益于印度种姓特留权的宪法性平权措施。更值得关注和研究的是，不歧视低种姓已经成了印度的政治正确，印度人1997 年兴奋地庆祝第一位达利特总统——纳拉亚南的当选。2014 年，莫迪在选举中也强调自己的低种姓身份。

种姓是一个历史性、歧视性话题，而种姓特留权则是一种现代创新性纠正措施。若要了解印度，我们就既得知道种姓文化，也要了解种姓特留权制度。

9

拉文德生活中的种姓影子

拉文德是我在印度的一位司机朋友。与他认识，起源于一次租车服务。

大学所在的地域，是德里的郊区。虽说是首都圈，但离德里市中心还有 60 公里。出于邀请嘉宾的考虑，大学组织的很多活动都在德里举行。为了便于老师参加这些活动，大学一般会为老师派车。大学自己设立车队成本高、不划算，所以都会与村里的一家租车公司签订协议，需要用车时，就从他们那里叫。这家租车公司的老板，有点经济实力，自己买了两三辆车，然后再拉村子里或镇上有车的年轻人加入。大学每次跟这个老板联系，老板再派活给这些人，每单老板提成 200 卢比（人民币约 20 元），剩下的归提供服务的人。周围村子的年轻人有了收入来源，大学也解决了老师的出行问题。近两三年，Ola 和 Uber 可以通到我们大学所在的农村地区了，他们的生意也受到了冲击。

拉文德是其中一个英语较好的司机，有见识又特别善良。于是，他成为老师们常用的一位司机。

拉文德特别善良。印度全封闭的高速路很少，即便是国家公路，也经常是牛、三轮车、拖拉机、大货车、家用汽车等混行，时不时还有行人横穿马路。这样的马路，是没有应急车道的。即使有，也会被随时占用。所以，我经常遇到救护车夹在车流间无助"哀嚎"的情形。跟拉文德出行，只要有救护车经过，他每次一定会让行。而且还伸出手，给其他司机打招呼，以示让救护车先过。大多数时候，他的努力没有多大帮助。但也有一两次，在他的带动下，救护车顺利通过拥挤路段，疾驰而去。这让我尤感拉文德的善良。还有一次，在德里的车流中，他缓慢靠向路边停车。我问他怎么了，他说前边有人出交通事故了。我在后座没看到，但他看到一个骑摩托车的追尾汽车，摔在了地上，便停下车去查看能提供什么帮助。

因为他英语好，又特别善良，我们几乎只用他的车，尽量给他更多生意。用他的车多了，交流自然多起来。交流中我才发现，乐观善良的他，实际生活中也经历着一些无奈。而这些无奈，或多或少是种姓投射于个体生活的影子。

拉文德是哈里亚纳邦的贾特人，就是我在《贾特人骚乱为哪般》一文中提到的贾特人。他家里有不少土地，但因为父母都做了公务员，全家便搬到索尼帕特市居住，将土地租出去。哈里亚纳是印度的体育之邦，电影《摔跤吧，爸爸》的原型就在这个邦。拉文德的父亲也是体育明星，当年是印度全国摔跤冠军，被德里警察局破格招录为公务员。他母亲是公立学校的老师。拉文德有三个姐姐，自己是最小的，也是家里唯一的儿子。聊天中知道，拉文德是读过体育大学的，摔跤的成绩虽然没有父亲那么好，但也获得过哈邦的铜牌。

拉文德经常给我们看他带妻子、孩子去旅游的照片。有一次我问他，你和妻子是自由恋爱吗？他说，不是，是两边父母确定的。在印度待的时间略长点就会知道，自由恋爱的婚姻比例是很低的。在大学校园里，我看到很多学生在谈恋爱，还以为恋爱婚姻在年轻人中越来越多。但当我在课堂上做小调研时，大部分回答，恋爱只是一段经历，最后还是要跟父母选择的人结婚。从对印度同事的观察中我也发现，虽然他们绝大多数都有过海外学习或工作经历，但婚姻大多是父母安排的，只有少数几对是自由恋爱婚姻，库玛尔校长是其中之一。当然，父母会凭自己的经验，并综合各种信息包括年龄、学历、性格、星象等，来为女儿或儿子选择一个合适的对象，他们看过之后，感觉比较合适，再让自己的子女去看。我观察周围的同事，发现他们大多恩爱。所以，我们也不能以刻板印象来评判这种安排的婚姻，至少在中上层的中产阶级群体里，父母安排的婚姻不见得比自由恋爱婚姻幸福指数低。当然，底层的群体不太好说，因为这主要取决于父母的选择能力。

我问拉文德，他是否爱自己的妻子。他给了我肯定的回答，理由是妻子帮助照顾自己的父母，是家庭中很重要的一员。我又问拉文德是否谈过恋爱，他非常坦诚地说，上大学时特别喜欢一个女孩，很希望跟她结婚，但是，女孩的母亲不同意。我问他为什么，他说，对方的种姓比自己低，女孩的母亲不同意跨种姓婚姻。我好奇地问，女孩嫁一个高种姓不是挺好吗？为什么她的母亲不同意？他说，其实他父母并不在乎，但女孩的父母还是有些担心。在北印度生活略久一点就知道，跨种姓的婚姻往往很难被大家庭接受，跨种姓的自由恋爱婚姻更为罕见。跨种姓，不论是趋高或趋低，女孩的父母都会担心。趋高，会担心自己的女儿在婆家受委屈。因为在印度，结婚后大部分儿媳要跟公婆一起生活，也就是要生活在大家庭里，而且大家庭的生活往往是长辈说了算。另外，高嫁还有嫁妆的隐忧。尤其在北印度，结婚时女方要给出可观的嫁妆，若嫁入高种姓，被期待的嫁妆数额更大。在一些家庭中，如果嫁妆不到位，女儿会在婆家受到种种虐待或家庭暴力。为此，印度《刑法》中专门将与嫁妆有关的家庭暴力定罪处罚，可见不是个别现象。

　　低嫁，女方会遭到本方大家庭的反对。要是不顾大家庭意见，真基于爱情跨种姓结婚，这样的婚姻不但不会得到父母的接纳，还会遭到大家庭的干预，尤其是哥哥、叔叔或舅舅等甚至会对她们实施惩罚。大家可能也了解，印度尚没有统一民法典，大部分的婚姻家庭关系是由身份法调整，这让家族长者在婚姻中的话语权很大。如印度教徒跟印度教徒的结婚，会适用印度教法；穆斯林跟穆斯林结婚，会适用伊斯兰法。只有跨宗教或跨国婚姻才会适用世俗法的调整。不顾家庭反对而跨种姓结婚的人，将会被剥夺在大家庭中的权利，包括财产分割和继承。有些不顾家庭意见私奔的，可能会遭遇"荣誉谋杀"。所谓"荣誉谋杀",就是大家族控制女性的恋爱和婚姻自主权,对于不接受家庭意见而私自结婚的,家庭的长者可能会命令将女孩和她的配偶处死。根据《印度时报》的报道,2015年就有251名印度公民死于荣誉谋杀,有的是女孩自己被杀,有的是女孩和相恋的男孩同时被杀死。另据媒体报道,2016—2018年,有300起荣誉谋杀案件发生。当然,印度对荣誉谋杀的打击力度也在增加,于是,另一种干预跨种姓婚姻的方式开始出现。也就是女方家庭会指控与女孩私奔的男孩强奸,从而以将男方送入监狱的方式将女方夺回来。据《印度时报》2019年8月21日的报道,2013年新德里地方法院中立案的强奸案,40%是这类案件。

拉文德和她的女朋友都接受了现实,没有再继续这段恋情。实际上,从拉文德的讲述中,我们能感受到,他的父母是很开明的,也在力所能及的范围内改变那些不合理的习俗。比如,对待嫁妆,他们给三个女儿都按习俗准备了嫁妆,但是,对自己的儿媳,却直接免了嫁妆。他们能接受拉文德娶一个低种姓女孩,也能接受儿子自由恋爱。

我问拉文德,你有这么好的条件,为什么没当公务员?拉文德读过大学,又是家里唯一的儿子,父母都是公职部门的,竞争公职部门应该有一定的优势。他告诉我,他的确为考公职做过努力。曾报名入伍,但因为身高差一英寸未能如愿。也考过公务员,但因为贾特人是高种姓,不享有特留权,只能竞争普通名额。他说,自己的成绩要比有特留权的高出 20 多分，但是，仍然不能被录取。已经考了三次，都不成。结婚后他就放弃了。

我问拉文德是否参加了上次的贾特人骚乱，他说，他反对这种方式。更准确地说，他反对任何形式的种姓不平等，不论是对低种姓的歧视，还是现在的反向歧视制度。他说，都是人，为什么要有那么多区分？但他不消极抱怨。他告诉我，自己跟妻子在养育儿子时，不再给他种姓束缚。他要让儿子选择自己喜欢的，不分种姓和宗教。

从拉文德的经历中我们可以看到，种姓在印度人的生活中依然有很多投射。制度上的改变，尤其是积极性平权措施，在为低种姓提供公平竞争机会方面，有很多可圈可点之处。但是，文化上的改变，却要缓慢得多。印度人在家庭内依然受种姓文化的限制，而走出家庭，又要面对种姓特留权制度所设定的竞争配额。不过，让我备受鼓舞的是在这种制度下生活的人群所表现出的改变决心和变革智慧。像拉文德一家，他们通过三代人的努力，将种姓的文化禁锢从家庭文化中逐渐消磨掉。这种方式，既不让个体在抗争中付出太多代价，又阻断了一种不文明文化的延续。

10

德里强奸案的另一种视角

印度女性安全问题是各大媒体关注的焦点，德里强奸案更是将女性安全警示提高到前所未有的高度。很多国际媒体关注的是德里强奸案的残忍，但实际上，这个案件也是印度女性保护政策的历史转折点。因此，我们不仅要知道发生了什么，还需要知道印度社会为此做了什么，以及后来改变了什么。

2012年12月16日晚9时，23岁的印度医学院女学生娇蒂·辛格（Jyoti Singh）跟一个男性朋友看完电影后搭乘私人运营的公交车回家，途中车上的六名男性（包括一名17岁未成年人）将这位男生打晕并扔下车，然后将娇蒂轮奸。娇蒂激烈反抗，遭到这些人的残忍折磨，如下体被插入铁管、肠子被带出等。虽然经过各种医学努力，娇蒂甚至被紧急送到新加坡治疗，但她还是在13天后不幸离世。

在北印度，女性安全一直是个挑战，这一恶性事件的发生很快引起了媒体的高度关注。因为法律不允许媒体报道性侵受害者的真名，媒体将其化名为内布哈娅（Nirbhaya），意思是"无畏的"。娇蒂死后，她的父母为激励更多人为女性安全而战，公布了其真名。媒体于事件发生两天后，也就是12月18日开始了首次报道。然后，警察展开行动，当天逮捕了司机和他参与轮奸的弟弟，并开始搜寻其他四名嫌疑人。媒体报道后的第二天，有少数抗议者到德里首席部长谢拉·迪哥仕特（Sheila Dixit）的官邸前抗议。抗议者主要是学生和德里地区活跃的女性维权组织代表。但首席部长在官方回应措辞中，暗含着"女性深夜上街是冒险举动"之意，激起了本就对政府执法不力抗议者的更大怒火。

三天后，对政府保护女性不力大为不满的人们终于大爆发。成千上万的女性和年轻学生，拿着蜡烛到德里的标志性建筑——印度门前静坐。刚开始是年轻人，到了周末，中年人也加入进来，他们拿着标语，表达愤怒和抗议。一些情绪激动的抗议者，与维持秩序的军警人员发生了肢体冲突。2012年12月23日，《今日印度》以"印度门变成了警察和示威者的战场，政府呼吁和平"为题予以报道，从这一标题也可以看出现场冲突的激烈程度。一天后，印度总理辛格发表声明，呼吁人们冷静，承诺政府会采取最严格、最有力的措施来保护女性。

此后，媒体继续挖掘被害人的家庭情况，发现她并不是来自中产家庭，而是来自北方邦比较贫困的家庭，女孩还有两个弟弟。她的父母为支持女孩接受教育，卖了地搬到德里。女孩也很争气，考上了医学院。媒体还报道了这个女孩所遭受的非人暴力。这些让人心碎又令人愤怒的细节，更增加了民众的不满，也将整个事件的讨论引向了印度社会的女性公平问题。到此时，走上街头的，不仅仅是女性，还有那些关注自己妹妹、女儿未来的人。孟买出生的美国 CNN 著名主持人法里德·扎卡里亚（Fareed Zakaria），将此次女性运动称为"印度阿拉伯之春"。

警察很快逮捕了六名嫌疑人，其中司机罗摩·辛格在审前羁押期间自杀，另一名 17 岁的未成年人适用少年司法，按照已有法律顶格处置，被送到少年教养所改造三年。在强大社会压力下，具有严重拖延症的印度司法，也展现了历史上少有的高效，快速审判了其他四名犯罪嫌疑人。要知道，直到今天，印度拖延十年以上的刑事案件仍有 330 多万件，而这个案件只用时九个月就定罪量刑，堪称印度司法的奇迹。

英国电影人吴德文（Leslee Udwin）将这一残忍的案件制作成了纪录片《印度女儿》，里面对施暴者及其家属、律师、受害人的家属及相关人员一一进行访谈。从施暴者及其律师的观点可看出，他们对女性的偏见很深。如一个施暴者说，"如果她不反抗，她就不会死"。他的律师更极端，认为未婚女性就不应该单独见男性，更不应该在天黑后独自上街，至少他不会允许自己的妹妹这么做。该纪录片原计划于 2015 年 3 月在德里电视台播放。考虑到案件发生时的社会骚乱，德里警察局得知纪录片播放计划后，随即向德里高院申请禁令，理由是该影片的播放会再次引起严重的社会动荡。德里高院支持了德里警察局的禁播申请。

虽然纪录片不能被播放，但在强大的舆论压力下，一系列有关反强奸的立法和司法措施开始出台。印度最高法院大法官沃玛（Justice Verma）于2012年12月23日牵头成立一个委员会，来审查印度强奸类立法，并于2013年1月给出了一系列建议，其中包括强奸案应该严惩及快速审判等多个方面。印度议会也积极回应，多年没通过的立法都快速通过，如2013年通过了《针对女性的职场性骚扰（预防、禁止与救济）法》，另通过刑法修正案增加了326A条，严惩印度社会频发的针对女性的泼硫酸事件。根据沃玛大法官的建议，德里强奸案后，印度开始设立用于处置强奸案的快速审判法院。根据印度法律和司法部的官方数据，到2022年6月，印度已经建立了728个强奸案快速审判法院及389个儿童性侵特别法院，仅2021—2022年间，联邦政府就投入近1800万美元用于机构建设。除此之外，德里警察局增加了更多女性警官以强化执法中的性别敏感性；德里夜间增加了警力巡逻；德里所有警察被要求参加性别意识培训；德里政府还要求所有出租车和突突车司机参加性别意识培训。更重要的是，性别暴力已经成了一个公共话题，强奸案的报案数大幅增加，如2012年德里只有706起强奸案报案，到2013年达到了1441起，增加了一倍多。也是因为这个案件，印度于2015年重新修改了《少年司法（儿童保护与照顾）法案》，将适用于该法的少年的年龄从18岁降到了16岁，以回应人们对17岁少年强奸处罚力度偏轻的关注。

在印度，判处死刑的非常少，执行死刑更为罕见。印度每年判处死刑的人数只有个位数，而本案其余四人均被判处死刑（绞刑），几乎用尽了当年所有的死刑名额。印度死刑的执行就更为罕见。据德里大学法学院的统计，2005年到2017年的13年间，印度被执行死刑的只有四人。正因为死刑执行率极低，四位被判处死刑的施暴者这几年一直用各种程序求生存。2020年，在印度总统拒绝了四名施暴者的特赦请求后，他们已用尽了所有法律程序。2020年3月20日，德里地方法院终于给他们签发死刑执行命令，这四名强奸犯在首都新德里的一所监狱被执行绞刑。2020年也因此成为印度几十年来执行死刑最多的一年。

长达七年多的黑公交轮奸案终于尘埃落定。印度媒体普遍认为，他们被执行死刑，这是"正义的胜利"。德里妇女委员会主席斯娃蒂·马利瓦尔说，罪犯被执行死刑是整个国家的胜利，希望受害者得以安息。受害者母亲在接受媒体采访时表示，尽管正义来得有些晚，但她女儿终于得到了公正对待。莫迪总理也第一时间在推特上发文，"正义终归胜利了，保障女性的尊严和安全至关重要"。

在印度，针对女性的恶性案件还会发生，但民众已经觉醒。在日常生活中，我发现连出租车司机都会在车后玻璃上贴着"本车尊重女性"的标示。在大城市，性别意识已经主流化。从日常媒体讨论看，女性安全在这个国家已经变成了一个非常敏感的政治正确的话题。政治家们都对此高度敏感，这是很重要的进步。

11

"满大街看不到抽烟的"

我选择去印度时，老爸是激烈反对者之一。所以，我到印度两年后，才算劝动他和母亲跟我们住一段时间。到印度后，我和老公带他们去德里、泰姬陵、斋普尔玩了一圈。我问他对印度的印象，他说了两点。第一点跟绝大多数第一次来印度的中国人看法类似，"这里跟我们二十年前差不多"。但是，他说的第二点却是出乎我意料。他说，"这里满大街看不到抽烟的"。人对事物的观察与经历有关。老爸从不到18岁就开始吸烟，直到60岁我带他去美国陪读才把烟戒了。到印度时，他刚戒烟两年，正对吸烟现象处于观察和思考的敏感期。

老爸这一观察，也提醒我留意印度生活中的吸烟现象。经常为我们提供租车服务的司机拉文德，实际上是吸烟的，然而三年来我一直没发现。要知道，我是一个对烟味极其敏感的人，火车上隔壁车厢有人抽烟我都闻得到，可见他有多小心。有一次我偶然看见他在远处吸烟，才知道这点。他回到车里，我问起此事，他局促地承认了。但是，他立刻补充一句，一下子让我觉得很有意思。他说："湿婆神也是吸烟的。真的，不骗你，我看到过他吸烟的图片。"我能读出他的心思，吸烟在印度主流文化里会给人留下不好的印象。

刚到印度没多久，有一次我参加教师与校领导的座谈。有老师提出，大学可否设吸烟区。需要注意的是，这位老师提的是可否设"吸烟区"，而不是"无烟区"。据他反映，每次想吸烟得驾车到校园外面，太不方便了。这位老师还强调，既然机场都能设吸烟区，为什么大学这么大，却不能设吸烟区？我这才意识到，我们整所大学都是无烟区。校长没有同意这位老师的建议。他说，这是依法做出的规定，我们不能妥协。作为无烟爱好者，我感到既惊喜又欣慰。

但我偶尔会在校园的隐蔽角落里看到学生吸烟。所以，我让学生做一个校园吸烟问题的调研。他得出的数据让我很吃惊，金大竟然有近半数的学生经常或偶尔吸烟。我当即在课堂做了现场调研，发现数据基本吻合。

一边是满大街看不到吸烟的，一边是范围比较广的偷偷吸烟群体。到底什么才是事实？这是我们观察印度时经常遇到的困境。

我查询了印度吸烟数据[1]，发现到 2016 年印度有 3200万烟民；虽然跟中国两亿多烟民没法比，但这仍然是个庞大的数字。2022 年 5 月，印度家庭健康调查（National Family

---

〔1〕 Akshita Chhabra, Showket Hussain & Shazia Rashid, Recent trends of tobacco use in India, *Journal of Public Health：From Theory to Practice*, June 2019, https：//doi.org/10.1007/s10389-019-01091-3.

Health Survey）发布了第五次也就是 2019—2021 年的调查结果，发现 15 岁以上的男子偶尔吸烟的比例是 38%，女性为 9%。这个调研还发现，对比往年数据，男性吸烟比例有所下降，而女性吸烟比例却在上升。[1] 另根据 2015—2016 年的印度家庭健康全国抽样调查，在印度，农村男性有吸烟经历的比例比城市的高，大约为 49% 对 40%。[2] 该调查还发现，收入越低的群体，有吸烟和饮酒经历的比例越高。在最贫穷的人群中，吸烟比例达到 64.2%，而在最富的人群中只占到 30%。这么高比例的数据，应该不仅仅指那些长期吸烟成瘾的人，还纳入了有吸烟经历的人，否则不会只有 3200 万烟民。既然烟民数量如此之高，为什么满大街看不到吸烟的呢？

我先查询了宗教信仰对吸烟的影响。从印度最新一次家庭健康调查（2019—2021）来看，宗教信仰的确对吸烟和饮酒有所影响，如宗教信仰不明的，男性吸烟比例为 45.9%，女性吸烟比例为 14.1%，高于有宗教信仰的人群。[3] 在有

〔1〕 Anuradha Mascarenhas，38% Men，9% Women above 15 Years Use Tobacco Products：Health survey，Indian Express，May 9，2022，https：//indianexpress. com/profile/author/anuradha-mascarenhas/.

〔2〕 Samarth Bansal and Roshan Kishore，How We Get High：These 9 Charts Reveal Smoking and Drinking Habits of Indians，February 20，2018，Hindustan Times，https：//www. hindustantimes. com/india-news/how-india-gets-high/story-rGIrZdK7uxpTwSdEO4XUlM. html #：~：text=In%20India%2C%20men%20are%20high，%25%20and%201%25%20for%20women.

〔3〕 Tobacco consumption in India from 2019 to 2021，by religion and gender，Statista，https：//www. statista. com/statistics/1320283/india-tobacco-use-by-religion-and-gender/.

宗教信仰的人群中，穆斯林和印度教徒男子吸烟比例基本相近，分别为40.9%和39.1%，而女性则均为4.1%。比较而言，耆那教和锡克教是最克制的。锡克教徒中有过吸烟经历的人的比例最低，男女吸烟比例分别为12.2%和0.3%。让人颇为意外的是，佛教徒和新佛教徒吸烟的男女比例分别是39.7%和4.7%，比平均水平高。

我又想起拉文德向我提到的湿婆神吸烟的信息，便去了解宗教对于吸烟的态度。吸食大麻，尤其在北印度是有宗教背书的，但只限于特定宗教仪式。比如公元前1700—1100年的《梨俱吠陀》，就对大麻饮品进入宗教仪式给予肯定。坊间广为流传的是，湿婆神喜欢在宗教仪式上吸食含有大麻的饮品（或食品）。网上也有他吸食大麻的图片。印度立法对此予以回应。1985年通过的《麻醉品法》留了一个口子，在特定节日，如泼彩节，人们可以喝一种叫莽奶昔（Bhang Lassi）的饮料，就是用大麻的叶、芽或种子做的牛奶饮品。每年泼彩节库玛尔校长举办派对时，会向参加的成年人提供这种饮料。据说，这也是印度泼彩节吸引西方游客的重要原因之一。不过可以肯定的是，印度文化对普通人吸烟和在宗教仪式上吸食大麻，持两种不同的看法。或者可以认为，宗教文化对吸烟、饮酒这样的行为是不鼓励的。

除了宗教文化因素外，还有什么影响着人们对吸烟的态度呢？

我转向了法律，发现法律上体现的控烟态度更为激进。印度于2003年通过了《卷烟和其他烟草制品（禁止广告、商贸、生产、供给和分销）法案》（简称 COTPA 法案）。该法第 4 条明确规定，禁止任何人在公共场所吸烟，且只有下列单位允许设立单独的吸烟室：一是有 30 个以上房间的酒店；二是可容纳 30 名以上客人的餐馆；三是机场。若违反第 4 条，情节轻的被处以罚款，重的要承担刑事责任。由此可见，除了酒店、餐馆和机场，其他任何机构包括教育机构，是不允许设吸烟区的。这意味着，整所大学都应该属于无烟区。这就是大学校长在回复老师设吸烟区建议时明确拒绝的依据。

除此之外，该法第 5 条对烟草广告做出了绝对禁止性规定。该法对违反此条的行为处以重罚。第一次违反，可处以罚金到两年有期徒刑；第二次违反，最重可处五年有期徒刑。第 6 条禁止任何人向未满 18 周岁的未成年人销售或提供烟草或烟草制品，也禁止在距离教育机构 100 米内的地域提供或出售烟草。违反该规定，最高可处两年以下有期徒刑，而且适用简易审判程序。另外，该法对烟草包装和警示也做出了非常明确的规定，警示标志的醒目程度跟澳大利亚和美国的规定接近，如畸形婴儿、溃烂的嘴唇、不堪入目的肺等占据在烟盒的主要位置。当然，各邦还可以在此基础上做出更严格的规定，如我们所在的哈里亚纳邦，其法律禁止向不满 25 周岁的公民提供或出售烟酒。

文化上的负面态度，与严苛的法律相叠加，使印度吸烟者数量小于中国。在印度生活期间，我很少在餐馆和酒店见到吸烟的，也极少看到吸烟区。至于机场，我只在英迪拉国际机场看到过吸烟区，到过的其他小机场根本没有。印度法律规定，学校和医院等公共场所是绝对的无烟区。在大学的校园里，我见过偷偷吸烟的学生，但是，他们得非常小心，以防被抓到。倒是在农村，我看到过四五个中老年男性围着一个巨大的烟锅，你一口我一口地吸着，但估计主流文化将此看作下里巴人的习惯。

在这样一种社会氛围中，城市里吸烟的中产阶级人群会很不方便：大街上吸烟，怕被人取笑；在公共场所吸烟，又几乎不被允许；在家里抽烟，又怕长辈批评。很多年轻人可能出于好奇，会去尝试，但能成瘾的应该不多，毕竟大环境不太方便。这可以在一定程度上解释，为什么印度承认有吸烟史的人不少，但实际上很少在公共场所看到吸烟的。

12

印度的素食

饮食，是植根于每个民族血脉里的文化基因。它是每一位游子最活跃的乡愁，也是对异国文化最敏感的体验点。在经历跨文化的体验中，最先被考验的就是饮食。

我初到印度时，在飞机上就没吃好，落地时间晚，安顿好已是次日凌晨。所以早上起得晚，错过了金大食堂的早餐时间。饥肠辘辘的我，直到第二天中午才吃上抵印后的首餐。透过食堂橱窗，我第一次见识到，原本印象中颜色单调的咖喱饭菜，竟被厨师烹制得如此色彩鲜艳，花样繁多。之前，我只知道印度人吃咖喱。但事实上，他们基本不用"Curry"（咖喱）一词，那是英国人赋予的，而"masala"（香料）才是本土正统叫法。

各种各样的香料似乎充满了神秘色彩，像对食物施了魔法，把它们染成柠檬黄、柑橘橙、抹茶绿、辣椒红……直到现在，我还是记不住那些千奇百怪的香料名称，依旧靠颜色来记忆和识别。除了色彩，香料的气味也很有特点。不仅是各种辣，而且味道浓烈。初来乍到的我，几乎无法适应，只能挑选黄瓜片、西红柿片和洋葱丝等生切的蔬菜，再配上一种叫 Roti 的小饼来维持生活。这种小饼很像我山东老家的单饼，但比老家的饼小。几乎每餐都如此单一，两三天后，我终于撑不住了。但是，连续几天一直没看到肉食，心里有点纳闷。后来，一个好心的台湾小妹妹知道我来了，主动联系我。在她家，她用鸡汤给我煮了一碗面，里面加了些蔬菜，还加了个鸡蛋。我吃得好满足，尤其那时还怀着二宝，真是终生难忘的一碗面。聊天中我才知道，学校的食堂只能提供素食，这是捐赠者捐赠时附加的条件之一。

后来待得久了，我发现，在印度，尤其在印地语带的邦，素食是基本假设，非素才算例外。金大坐落在北印度的农村，附近村民几乎都是素食者。我们租车到更北方莫那里（Monali）旅游时，路上需要 13 个小时，中途在路边吃饭时，就餐的小饭店也基本都是素食。北印度有很多叫达巴的饭店，当年是为货车司机歇脚提供饮食的街边店。后来，这些街边店因为食物好吃，而逐渐发展为装修很好、生意火爆的小吃店。里面的本地饭食做得特别地道，味道可口，但全都是素食。当然，也不能由此做出印度人都吃素食的假设，其实印度的素食人口比例只有 23%—37%。据印度家庭与健康部的统计，印度城市之间在素食人口比例上有很大差别，如中央邦的印多尔（Indore），素食人口比例达到 49%，德里也达到 30%，而加尔各答却只有 4%。

在北印度，即使是非素餐馆，能提供的肉食也主要以鸡肉为主，有些会提供羊肉。只有很国际化的餐厅才会有鱼、虾等。从宗教信仰角度看，印度教徒基本上不吃牛肉，穆斯林社区不吃猪肉，所以，印度大众化的餐厅，猪肉和牛肉是不常见的。当然，也不能一概而论。比如喀拉拉邦、西孟加拉邦和阿萨姆邦等，这些地方肉食品种更多元，吃肉的人口比例也更大。我在喀拉拉出差时，还真在餐馆的菜单上看到了牛肉，那是我第一次在印度的菜单上看到牛肉菜品。我第二次在菜单上看到牛肉是在德里的一家意大利餐厅。那里有牛排，但明确标注是以水牛肉（buffalo）为食材，估计是为了避免引起误会。不过，在印地语带的邦，公开买到牛肉是很难的。尤其人民党执政后，已经有十几个邦将宰牛规定为犯罪。像在中国餐厅里经常见到的禽肉、兔肉、驴肉等，在印地语带的邦，绝对罕见。至于印度其他我没去过的地区的饭馆是否提供更多元的肉食，我不太确定。以印度的多元化，也许哪个土著部落的地方餐厅会提供也未可知。但主流的面向普通大众的饭馆，尤其在大都市，鸭鹅兔肉等肯定是比较少见的。

至于什么算素食，我在跟同事的相处中观察到了一些有意思的现象。在印度语境下，并不是不吃肉就算素食者。在这里，基本形成共识的是，牛奶算是素食；但是，鸡蛋算不算素食，却有不同的标准。有的素食者，连鸡蛋也不能吃。那些长期在国外生活的素食者做了一种妥协，可辨认出的鸡蛋，他们不能吃，如西红柿炒鸡蛋。但像蛋糕，鸡蛋被打散，并且融合到面粉里，已经分辨不出的，还是可以吃的。听起来有点累心是不是？也有的素食者，可以吃鸡蛋，但不吃肉。还有的说自己是素食，但"偶尔可以"吃点鸡肉。

　　还有一种素食者更有意思，每周只有特定的日子吃素食，其他时间可以吃点肉。2017年，印度总统慕克吉来金大访问时，正赶上他吃素的那一天，我才知道还有这种素食主义者。至于一周当中哪天不能吃肉，也会因人而异。更确切地说，是根据信奉的神不同而有所差别，如周二、周六吃素的，一般信仰哈努曼神（据说此神是孙悟空的原型）；如果周一不吃肉的，则通常信仰湿婆神。这些分时段食素者，赶上印度的特大节日，如排灯节，也是要吃素的。正因为素食的标准不统一，有关印度素食人口的比例才会出现23%—37%那么大的浮动。按照宽泛一点的标准，印度大约有四亿素食者，这比世界上其他国家素食者的总和还要多。

　　印度的素食传统是怎么起源的？哪些人会成为素食者呢？一般认为，印度的素食习惯是从耆那教和佛教的"不杀生"戒律而来的。这两种宗教本来就是为挑战当时的婆罗门教而产生，针对当时的种姓不平等，也包括宰牲祭祀的习惯。耆那教和佛教倡导的众生平等及不杀生理念，产生了广泛的影响力，后被印度教所吸纳。虽然在印度人口统计中，佛教和耆那教是作为单独宗教来统计的，但在适用身份法律时，他们均被归为印度教。由于人口比例小，印度教也只把佛教和耆那都当作分支来看待。印度教在吸纳它们的同时，也受其反向影响，"不杀生"就是其中之一。据说，婆罗门教为了重获正当性，或让自己跟佛教徒享有同样的社会尊重，他们也逐渐秉持"不杀生"的态度，变成了素食者。实际上，佛陀时代并没有倡导完全禁止食肉。但婆罗门教当时还面临着另一种新兴教派的挑战，那就是耆那教。耆那教的"不杀生"比佛教更为严格，鸡蛋也意味着生命，肯定是不能吃的；甚至连地下生长的根茎类植物，也因含有生命意向、不能破坏地下小生灵等考虑，他们也不吃。不同地区的婆罗门教从两种宗教中吸收了"不杀生"的智慧，但又按地区所需，确定了不太一样的素食标准。因为素食主义者有着深远的宗教背景，人口比例很高，于是，就有另一些人因为婚姻等因素主动变为素食者。如我们大学的校长是泰米尔人，据他说，结婚前他的饮食习惯跟中国人差不多。但是，他爱上了一个耆那教女孩，结婚后，他就变成了严格的素食者。

也许大家会好奇，长期坚持素食的人如何支撑身体所需的能量呢？甚至好奇，为什么有些素食者依然那么胖？据我个人的观察，印度素食者日常会依赖大量奶制品，从喝茶到做菜，从甜点到各种饮品，印度饮食里无处不与奶相关。印度人每天会喝好几次奶茶，还有用酸奶做的 curd，午餐和晚餐中一般会做奶豆腐，很多菜都会加入奶或酸奶调味儿。饮品也是，如 Lassi、Shake 等，都是将奶与香蕉或芒果打在一起的饮品。另外，印度的饭菜中会加很多香料，并且加很多植物油或黄油。甜点就更不用说了，几乎没有不加奶的，还会加大量的油和糖。看上去不健康，但吃起来欲罢不能。这些足以补充素食者的能量需求。一位在上海生活很久的美国素食者来金大访问，他听说大学的食堂是全素的，非常高兴，结果吃完后告诉我，"你们食堂的素食，吃一口可以撑一周，太油了"。

其实，中印饮食文化的差异，与素食有关，但又不限于此。在印度，一般是种姓越高吃得越素，这似乎与中国正好相反。我们招待客人的诚意或自我生活状态的反映，总是习惯于大鱼大肉，甚至通过野味等珍贵食材以彰显自己的非同一般。印度女记者帕拉韦曾记录过印度耆那教商人到中国进行商务考察时，被热情的中国主人招待海参、蛇汤及凤爪时脸都变绿了的经历。更有趣的是，事后双方都向她抱怨。中国主人向她抱怨，"这些印度人，什么都不吃"。而耆那教的印度商人也向她抱怨，"这帮中国人，什么都吃"。

大胆设想一下，如果双方面向对方说这些话，将是一个多么尴尬又有趣的画面。当前，中印之间的交流，其实大多是这种状态。不在"同一个频道上"考虑问题，更不知道对方的思维逻辑和行为动机，造成了很多不必要的误会。

13

静修文化

　　我有一次在航班上，跟邻座的一位乘客聊天。他说自己是澳大利亚人，是一家企业的高管。谈到来印度的目的，他说要到一个位于尼泊尔和印度交界的冥想机构静修。据他讲，这已经是第五年了，以前是每次待一个月。他决定从今年开始，每次静修三个月。我向他了解静修学院的情况。他说，那里有导师教习，饮食简单，每天有瑜伽、冥想及思想交流。我告诉他打算有机会带家人一起去体验一下。他说，静修机构不允许带配偶或孩子，否则会影响静修效果。看样子，这位澳大利亚人参加的已经是中级或高级班了。同事曾向我推荐过一些冥想机构，可带家人一起参加，估计这类是体验班或初级班吧。

　　想想也很有意思。在忙忙碌碌中，我们把太多时间和精力给了外界，对自己的身心却少有关照。我们有很多困惑，却来不及思考，可能终生也没能找到答案，甚至都没有寻找答案的企图。大多数人在焦虑、不安中度过了一生，想想实在可怜。幸运的是，印度的生活，让我看到了关照内心的可贵。

在日常生活中，印度人之间的对话，经常让人感到很有哲理。记得有一次组织会议，我们邀请了几位退休的大使参加。他们到达大学后，我先带他们到校长办公室与校长见面。有一位大使进入房间想就座，但立刻意识到校长可能有特定座位。为避免坐错位置，他便问："校长先生，哪个是您常坐的椅子（职位）?"校长的回答非常睿智，说："没有椅子（职位）是常设的，您可以坐任何一个位置。"说完，两人会心地笑了起来。这里有个双关语，他们交流用的"chair"一词，既指椅子，也指职务。这位大使笑着接了一句，"是的，没有什么是永恒的"。这不就是佛教中所说的"无常"吗？有时，即使一位出租车司机随口说一句话，都让人感到很有智慧。我有一次打车，由于遇到紧急事情要处理，脸上露出了很焦虑的神色，司机热情地对我说，"女士，放松，没有什么是解决不了的"。他是那么肯定，看着他眼里闪着希望之光和那淡定的神情，我的焦虑感瞬间被缓解了不少。

印度关注精神和思维的传统与其悠久的冥想历史有关。历史上，有些人放弃家庭和事业，到丛林里生活，以专注思维，探寻精神答案，这些人被称为弃绝者。不同的导师带着弟子在不同的静修林中静修，吃穿行非常简单，有的会去附近的村庄乞食。乞食是为了让来自不同背景的人，把名利和社会尊严放下，回到自然状态，以有利于精神思考。悉达多·乔达摩就是在 30 岁左右时离开王储之位，到不同的静修林拜师，以寻求解脱真知，大约六年后获得开悟，从而为世界留下了佛教这一精神财富。[1] 耆那教是另一位反对吠陀和婆罗门教的刹帝利王子筏达摩那·摩诃维拉建立的僧团，筏达摩那被后世尊称为大雄，他也是游方十年后从尼乾陀中分立出耆那教的。耆那教信奉的是比佛教更严苛的苦修方式，裸体行走，提倡自我折磨和绝食而死，认为那是通向解脱的方式。[2] 这两种宗教所倡导的非暴力也被印度教所吸收，但耆那教的不杀生更严格，被鼓励杀掉的唯一生灵是他自己。此教甚至不鼓励教徒耕地，怕伤害生灵，因此，耆那教的教徒大多转向了商业和银行业，后来变得很富有，可见宗教的严格也有促进时代发展的一面。[3]

冥想，在印度教、佛教和瑜伽（尤其是密宗瑜伽）中，都是非常重要的组成部分。[4] 在梵文中，冥想又叫 Dhyana，意思是思维之旅。在印度教中，冥想的最高目标是实现梵我合一，梵就是印度教中无所不能的主神之一梵天。对于佛教而言，冥想的最高境界是涅槃，也就是达到可超脱一切的极度自由的精神境界。不过佛教中的冥想练习和印度教中的冥

〔1〕［美］斯坦利·沃尔波特：《印度史》，李建欣、张锦冬译，东方出版中心 2013 年版，第 45—48 页。

〔2〕［美］斯坦利·沃尔波特：《印度史》，李建欣、张锦冬译，东方出版中心 2013 年版，第 48—49 页。

〔3〕［美］斯坦利·沃尔波特：《印度史》，李建欣、张锦冬译，东方出版中心 2013 年版，第 49—50 页。

〔4〕更多关于两种宗教中有关冥想的内容，参见 http://factsanddetails.com/india/Religion_Caste_Folk_Beliefs_Death/sub7_2d/entry-5672.html。

想练习有所不同，前者在练习时强调无我，是外向的；而后者则是内向的，让我独立于外在的客观世界。[1]

为什么专注思维如此重要？印度教认为，你是你思想和欲望的一系列总和，包括前世和今生，也将影响你的今生和来世。佛教中强调"悟"，也是对思维的重视。甘地曾经将这句话进行了更通俗的解释："你要想法积极，因为这将变成你的语言；你要语言积极，因为这将变成你的行为；你要行为积极，因为这将变成你的习惯；你要习惯积极，因为这将变成你的价值观；你要价值观积极，因为这将变成你的命运。"

对于普通人而言，冥想的好处是让人有意识地了解自己的思维和身体，只有实现思维和身体的和谐，人才是最健康的。冥想让人专注于思维，也会产生很多灵感。1968 年 2 月，才思枯竭且吸毒丑闻缠身的甲壳虫乐队，在听了马哈礼士瑜伽师的讲座后，决定到瑜伽师在印度瑞诗凯诗的静修处练习超觉静坐。每天下午 3:30—8:30，甲壳虫乐队的成员跟其他人一起，先听瑜伽师讲座，然后打坐，分享体会并向瑜伽师提问。甲壳虫乐队的冥想之旅，成就了他们创作最多产的时期，他们也由此改变了西方对印度灵性探索的偏见。

后来，越来越多的西方人到印度来静修，追随不同的导师。1974 年 4 月，乔布斯慕巴巴大师之名到印度，想追随他

---

〔1〕 更多关于两种宗教中有关冥想的内容，参见 http://factsanddetails.com/india/Religion_Caste_Folk_Beliefs_Death/sub7_2d/entry-5672.html。

进行灵性探索。巴巴是印度的另一位大师，他信仰哈努曼神，练习的是奉爱瑜伽，他原来主要在奈尼陶附近开静修处，后来还在瑞诗凯诗和西姆拉等地也设了静修处。巴巴1971年移居加州伯克利，由于成为几位美国明星的精神导师而被很多西方人追随。乔布斯到达印度时，巴巴刚去世不久。但乔布斯还是在印度待了七个月，对禅宗产生了兴趣，这成为他一生的信仰。[1] 他后来接受采访时表示，去印度最大的收获是，大师们也相信直觉。回去之后，嬉皮士风格的乔布斯开始创业。有人认为，苹果的疯狂想法是乔布斯受印度之行的启发而得。后来，脸书创始人扎克伯格也曾追随乔布斯的脚步来印度体验灵修。

在印度日常生活中，冥想和瑜伽是非常普及的，这不需要政府动员，也不需要机构动员，它是一种日常文化。大学的学期生活中，会有不同的老师和学生给大家发邮件，带大家做瑜伽和冥想。这些都是免费的，每次都有很多人参加。另外，也有的同事会利用假期去专门的静修中心研修，这些静修中心主要在喜马拉雅山脚下或山里，如瑞诗凯诗、奈尼陶、大吉岭等地。当然，这些静修中心的名气主要取决于导师的知名度。还有的同事不一定去专门的冥想中心，但也会利用假期到喜马拉雅山里待一段时间，那里有简单的木屋和

---

〔1〕 Arun Kumar, Wandering in India, Steve Jobs Learned Intuition, IANS India Private Limited Mon 24 Oct, 2011, https：//www. webcitation. org/68ebCQJqc? url=http：//in. news. yahoo. com/wandering－india－steve－jobs－learned－intuition－123904237. html.

饭食，适合一家人去静静待着，也适合鸟类爱好者去观察鸟。

印度对精神追求的不舍，让印度的现代化呈现出很多不同于其他国家的地方，这在本书中提到的很多方面都有体现，如对时间的观念。印度对精神追求的执着，有自己的历史和文化渊源。像俱卢之野战争中，阿周那与黑天的对话就反映出，公元前几个世纪的印度就开始讨论良心和责任的纠结、胜负的意义。我们在《三国演义》中看到了太多为谋求权力而设计的各种战争及在战争中取胜的战术讨论，但对权力争斗的意义及战争带来的伤亡后果却很少深入探寻。在中国历代帝王和英雄的歌颂中，我们大多都在歌颂胜利者的功绩，但对于为取得胜利所付出的生命代价却讨论不多。我们更难听到一个帝王在赢了战争之后，因杀人太多而放弃杀戮。像阿育王这种赢得了战争，却放下屠刀立地成佛的极为罕见。可以想象，像佛陀和大雄这种放弃王位去探索什么是真正的解脱，在中国文化里也极难想象。我有时也好奇，为什么印度大陆对精神有如此执着的追求。

不管静修对甲壳虫乐队还是乔布斯的苹果公司创业有多大影响，对于普通人而言，我们近乎枯竭的思维、困惑而不安的灵魂是需要给养的。现在城市里已经重视健身，瑜伽也被当作一项重要的健身运动。实际上，瑜伽是为配合冥想而存在的。我们不仅需要锻炼身体，还需要锻炼思维、滋养精神，这样才能获得自知和自如，社会也才会更平和。

14

新德里华人往事

　　每次中印关系紧张，中资企业在印度的经营和生活都会面临很多不确定性挑战。抵制中国货，限制中资投资，禁中国的 App……在这种政策环境下生活不免有恐慌感。其实，新时代中资面临的挑战还不是最大的，那些已经入籍的印度华人所承受的就更多。印度可能是大国中少有的首都没有唐人街的国家，也是华人参政最不活跃的国家之一。尽管他们已在印度生活了两到三代甚至更久，但每次中印关系滑落，他们都会受到某种影响，因为华人的标签与祖籍国是很难分开的。回顾新德里的华人往事，将有助于我们了解老一代华人的生活，以及中印关系在他们身上的投射，也有助于我们思考中印关系对新侨的影响。

　　丘开勇先生是印度的第二代华人，1948 年出生于新德里，是德里华人华侨协会名誉会长、全印华人华侨协会创始会长。他是德里地区极少数能说中文且热心华人华侨事业的老前辈。从他的转身回望中，我们可以见证新德里华人在 20世纪四五十年代的繁荣，也可以感受到 1962 年之后的华人社群走向低落，更能体验新老华人华侨跨越代际的差异。

丘先生来自广东梅州，他的父辈于 20 世纪 20 年代乘船先到加尔各答，随着英殖民者搬迁到德里，家庭产业以制鞋业为主，至今还在康诺特广场有店铺。通过丘先生的回忆，我们将穿越半个多世纪去看看新德里华人的起起伏伏。

在 20 世纪 50 年代，新德里所有华人的数量不超过 250 人。当时大约有五六十户人家：有 25 户来自广东（客家和广府），10 户来自山东，5 户来自福建，5 户来自湖北，还有几户来自上海和天津。他们都住在康诺特广场附近。那时的德里，市中心就是康诺特广场，出了印度门就是丛林。所有这些华人都住得很近，也像一个大家庭。孩童时代的丘先生社交广泛，经常到华人家里去串门，几乎认识当地所有华人。

他印象最深的是一个叫陈添的人。陈先生在德里很有影响力。他对天主教机构、学校和教堂的影响，是印度后来华人中无人能企及的。陈添先生是一个木匠，受教育不多，英语也只能说几个单词，但是，他很重视模仿英国绅士礼仪，生意做得很大。在新德里的建设中，很多木工工程都是由他承接的，如承建了当时总督府（现总统府）建设中的很多木工活。他对德里的敏投桥（Minto Bridge，连接康诺特广场到火车站）和哈丁基桥（Hardinge Bridge）建造做出了卓越贡献。他的木工设计成为整座桥拱形部分施工的模型，在当时很了不起。陈先生还是一个慈善家，德里知名的圣心大教堂的很多桌椅是他捐赠的，至今还在使用。

正因为陈先生的影响力和乐善好施，他深深影响了新德里天主教学校、教堂和机构，在德里华人社区的口碑也特别好。丘先生到了7岁，该上学时，陈先生便借助自己的名气将他送入印度知名学校——圣哥伦布学校，并亲自带他去入学。这所学校至今在印度也很有影响力，像印度前总理英地拉·甘地的大外孙拉胡尔·甘地，印度知名影星、导演沙鲁克·汗，哈佛商学院前院长、美籍印度裔学者尼汀·诺里亚也是这所学校毕业的。在丘先生入学几个月后，陈先生便去世了。德里所有的华人居民都去送别。当时，德里地区仅有的30辆出租车几乎全部被包下来，华人们一起送他去墓地，场面非常壮观。

在德里，还有一家华人企业也做得很大。这家企业是由陈敬淡和王中才两人合伙设立的。两人受教育不多，他们主要是通过香港的中介公司从福建进口陶瓷和古玩，并在康诺特广场的店里出售。不过他们最赚钱的业务是国际搬家物流服务，主要是帮助外交官和公司执行总裁进行跨国搬迁。他们从进口陶瓷和古玩中总结出了丰富的精致器物包装运输经验，在国际搬家物流服务中的口碑很好，尤其在易碎品的包装和运输方面，几乎没有出过差错。

从广东来的华人，大都以制鞋为主。因为文化和种姓的原因，印度人大多不从事这个行业。但是，英国人把这个行业带到了印度，很多华人也从英国人那里学会了做鞋的手艺。有个叫钟森元的华人，手艺非常好，他的手工鞋子非常漂亮，曾被邀请给几位总督做鞋，还得到了总督亲手签名的证书。钟先生还被邀请给总督就任仪式上的军事副官们做军事礼仪靴子。印度独立后，他继续给总统的军事副官们做。1928年，康诺特广场只建好五家商店，他就租了一间。但是，他依然很穷，艰难养活他的两个妻子和十个孩子。

还有个叫叶金秀的华人，他文化不高，也是做鞋的，被德里华人称为世界上最吝啬的人，实际上也是贫困所致。他的长子在1963年考入了印度理工学院（坎普尔），这是令华人社区骄傲的一件事。

梁宾长是一个精益求精的制鞋者，也在康诺特广场开了一家鞋店。他和妻子手工做鞋，勉强养活六个儿子。他们甚至没有一张饭桌，但是，他们的食物简单而可口，一家人过得很开心，丘先生很爱吃他们家的饭。

使全会一家来自山东，他学会了一点英语和英国礼仪，从而得以在高档饭店工作。他每天穿得很体面，主要工作是向客户介绍中国食物。另一个叫王禄昌的，先是挨家挨户买丝，但这样的买卖吃苦受累，利润低。后来，他也学使先生，学了点英语后到高档饭店工作，介绍中国食物。

从湖北来的也有几家，如熊东海、陈本禄、陈友生等。这些家庭主要折叠纸花，在排灯节前后出售。值得一提的是，熊东海、陈本禄还开了牙医诊所。陈本禄的印地语说得很好，在当时也是很难得的。

并不是华人都只做苦力活，也有部分华人如张师傅和红英，是自由职业者，以拍照为生，开了自己的照相馆。

当年德里的华人社区生活也算丰富，当时的全印广播电台有中文时段。赵国先生是全印广播电台中文节目的主持人，梁树宏、王锦成和李文是各时段的主持人。梁树宏主要负责播放中文歌曲，王锦成负责粤语时段的新闻播报，李文则负责普通话时段的中文播报。

德里华人社区还在20世纪40年代成立了华联会馆，会馆在康诺特广场租了两间房作为活动场地。有个叫李解华的人作为志愿者来照看这个会馆，他不拿工资，但可以免费在会馆里住。其他华人来访时，也可以在会馆里免费住。俱乐部每周日开放，大家喝茶、聊天或打麻将。俱乐部的费用，主要是房租、水电等，是靠会员的会费和周末有些收费项目来维持。俱乐部大约有40名常驻会员，其他人不常来。按规定，每位会员每年交2卢比，收入好点的也会多交些，如10卢比或50卢比。当时卢比比较值钱，1美元大约等于4.76卢比。

当时，新德里华人社区还开设了一所中文学校，丘先生在那儿学了四年中文，他的中文基础就是那个时候打下的。

1962年，中印发生了边境冲突，德里华人骤减。华联会馆在1962年后再没开过，学校也因没有足够生源迅速关闭，从此再无招生。当马来西亚、印度尼西亚、泰国等华裔的第三代、第四代，甚至第六代还能说中文时，在德里老一代华人那里，能说中文的也主要限于丘先生这一代70多岁的人了。

当时，德里也有些华裔学者。1962年前后，在印度国防学院（National Defence College）教书的有一位姓杨的教授，丘先生经常去他家让他帮忙写英文信。还有一位叫谭中的先生，是被称为"现代玄奘"的谭云山先生的长子。丘先生记得谭中先生曾经在印度国防研究所教中文，后到国防研究所外国语学校任中文讲师，1962年中印冲突后被解职。1964年，他又被德里大学聘为教授，从事中国研究，对印度及世界的中国研究做出了贡献。

很少有人知道查良钊也在印度任过教。查先生是民国时期著名的教育家，他是著名小说家金庸的堂兄，曾任北京师范大学教务长、西南联大教授等职。1950年，他曾应邀在德里大学中央教育研究院任客座教授。

居住在德里的老一代华人越来越少，1962年之后骤减，此后有限的华人也随着全球化移居海外。但随着中印经贸交流的加深，跨国公司、跨国婚姻、国际求学等正把更多新侨带入德里和印度的其他城市。至于到印度的理由，今天的新侨跟老一代华人相比已完全不同。丘先生在参加德里华人华侨活动时，经常被问及是被哪个跨国公司派过来的。他总是苦涩一笑，心想，20世纪二三十年代，哪有VIVO、OPPO、上海电气或中国工商银行。当时成千上万的遭受战乱和饥饿的中国人，之所以出走海外，不过是为了求生。

随着新侨的加入，德里的华人社区又活跃起来。华人的互助性组织，如中国商会、中国旅印妇女联合会、全印中国学生学者联合会、全印华人华侨协会等陆续组建和成立。中国商会以企业界新侨为主，中国旅印妇女联合会则以嫁入印度的中国女性为主，全印中国学生学者联合会则以留学生和访问学者为主，而德里华人华侨协会和全印华人华侨协会则以老一代华人为主，也有部分新侨加入。

德里已没有华人的报纸或电台，但自媒体时代为人们提供了更多联系方式，如微信或 WhatsApp。不过，公共媒体的价值，不仅仅是建立华人社群之间的联系，还包括提供身份识别及与印度主流社会的对话机会。经历过 1962 年中印边境冲突的老一代华人，选择在印度主流世界里悄无声息。这种有意识的"隐身"，变成了他们应对中印关系的一种自我保护。

在社区建设上，以前新侨和老一代华人之间的交流不是很多，大家只在参加某些活动时有匆匆交集。随着各种互助性组织的建立，大家的交流正通过互助性组织的交叉而有所增加。老一代华人身上，有很多可贵的精神值得我们学习，他们待人真诚朴素，比较团结，能吃苦，不抱怨。我还清晰记得 2017 年协助丘先生组织德里华人华侨协会中秋庆祝活动的情景。因为协会没有注册，不能接受捐赠，丘先生就动员德里的老一代华人纷纷出力。近七十岁高龄的他带着夫人给大家提前做好月饼，并现场做饭菜。那一幕至今难忘，令人感动。

华人华侨的涌入，如同潮水一般。两国关系正常时是涨潮期，大量的访问团组来印，企业来印投资的络绎不绝，在印人员创建的公众号也非常活跃，大使馆的人也忙着跑机场迎接各种来访的政府团组。两国关系紧张时，则进入退潮期，异常冷清，甚至还伴随着恐惧。

潮涨潮落，老一代华人见证了太多。对于新侨，他们可以在潮涨潮落中相对自如地切换于祖国和客居国，以趋利避害。而对于这些已经在印度生活两到三代的华人，他们的祖国是印度，而中国已变成了遥远的祖籍国。每当中印关系紧张时，他们就面临身份尴尬，甚至是恐慌。这为他们编织了一个打不开的心结：回不去的祖籍国，待不踏实的祖国。

15

印度的中国研究观察

两国关系的互动质量往往取决于相互研究的知识生产水平。那么，印度对中国的学术研究达到什么程度？都有谁在专注中国研究？印度的中国研究又在讨论什么问题？这些问题的答案将直接影响印度对华的认知水平。

对印度的中国研究，我的早期观察主要基于与学者的局部互动。后来有机会参加全印中国研究年会，使我有了近距离、全局式观察的机会。接下来的介绍主要以全印中国研究年会的观察为基础而展开。

全印中国研究年会由中国研究所（Institute of Chinese Studies）[1] 牵头，每年举办一次，并由不同的印度大学承办，我参加的这次会议是由金大承办的。当然，与中国南亚学会作为一个会员制社团组织年会的情况不同，全印中国研究年会不是以协会形式，而只是以学术平台的形式召开。所以，不见得这个领域的知名学者都会参加，如中国学者所熟

---

[1] 印度中国研究所成立于1969年，是由德里大学和尼赫鲁大学学者共同推动设立的，后转为印度外交部资助的一个官方智库。

知的狄伯杰教授和谢钢教授就没有参加这个年会。另外，一些比较活跃的从事中国研究的机构，如国际大学、古吉拉特中央大学、喀拉拉的圣雄甘地大学、加尔各答大学、杜恩大学等中国研究机构也没有代表参加。

但这次会议还是很有代表性的，有上百名学者、学生参加，印度关注中国研究的主要机构，如中国研究所、尼赫鲁大学有关中国研究的几个院系、德里大学有关中国研究的院系和中心、国防研究与分析所、印度国家转型研究所、卡耐基印度、印度理工（马德拉斯）中国研究所、当代中国研究中心、印度管理学院、金德尔全球大学、曼格拉姆大学、希夫纳达尔（Shiv Nadar）大学、本奈特大学、安贝卡大学（德里）、CMS 学院（Kottayam）、海得拉巴大学、尼赫鲁国家博物馆和图书馆等都有代表参会。另外，中国研究所的资深研究者曼诺拉简·莫汉提（Manoranjan Mohanty）先生及夫人、中国研究所理事长吴贝罗（Partricia Uberoi）女士、斯瑞马提·恰克拉巴尔蒂（Sreemati Chakrabarti）和资深外交官也是现任中国研究所主任阿肖克·康特先生（Ashok Kanth）、中国研究所前任主任阿尔卡·阿恰亚教授（Alka Acharya）等也参加了会议。

这次年会的主题是"法律、治理与社会"（Law, Governance and Society），以投稿为基础选择参与者，大多数以年轻学者或学生为主。从投稿情况看，从法律角度做研究的也就一两篇，如关注外商投资法的修改或泛泛关注中国的法治改革。从中国治理角度研究的文章，大约有四五篇，主要涉及网络治理、知识产权治理体系、环境治理体系、贤能政治等领域。关注中国社会的文章，大约有四五篇，涉及社交媒体、剩女、社会信用体系、医疗保障等领域。大多数论文还是从双边关系、周边关系、安全、外交、中印在全球治理中的角色等角度开展研究。

会议共安排了十三个专题，每个专题有三到七人发言。金大贡献了两个特别讨论组：一是从中国入市谈判、国际援助及民间组织发展看中国的治理；二是从在印度教中国法治和文化的学者视角分享一些观察。

让我印象比较深的一个环节是，中国研究所的元老们对印度中国研究的回顾与未来规划。莫汉提教授、吴贝罗教授、恰克拉巴尔蒂教授等积极参与，提出了很多有意义的命题供年轻人思考，例如，中国研究的印度视角是什么？中国研究作为语言还是学科来关注？印度的中国研究应该离政府政策更近些还是更远一些？作为主持人的罗纳大使坦诚指出，世界上可能只有印度会允许没有中文基础的学生攻读中国研究的博士学位。他强调语言在中国研究中的基础作用。这些元老级的学者把脉准、自我反思能力强，他们成为印度中国研究反思和发展的源头活水。另外，像莫汉提教授和他的夫人都快八十岁高龄了，三天全程参与，并积极提问和参与讨论。其他的中国研究所负责人如康特大使、前主任阿恰亚教授等，也几乎是全程参与，可以看出他们对这份事业的重视。

从具体研究现状上看，印度的中国研究如今有了更长足的进步。在中国文献的翻译方面，以狄伯杰教授为代表的学者，这两年将中国的古典文献如《论语》、重要著作如《季羡林评传》翻译成印地语。多次参加过全印中国年会的学者，我的金大同事、原中山大学的黄迎虹教授认为，现在印度年轻学者的中国研究水平已经比原来提高了不少。他还提到，为了培养年轻学者，中国研究所也和哈佛燕京、北大等合作，做出了很多努力。还值得关注的是，一些年轻的精英私立大学如金德尔全球大学、阿寿卡大学、本奈特大学、希夫纳达尔大学在创建早期就设立了中国研究机构或聘请中国研究学者。

当然，这离印度成为中国研究大国的目标还有不小距离。就我个人观察，印度的中国研究有两个比较明显的挑战。当然，因为一些比较活跃的学者和机构尚没有参加全印中国研究年会，这两个挑战的归纳也可能会略有偏颇，在此仅供参考。

一是印度的中国研究要有自己的视角。印度前驻华大使苏理宁（Nalin Surie）先生在闭幕式上总结时呼吁，印度的中国研究应该有自己的特色。莫汉提教授在发言中也多次提到，印度需要对中国研究有视角贡献。至于这个视角贡献的依托点，他赞成谭中先生的观点，文明链接应该是印度学者发展中国研究的独特贡献点。来自俄罗斯的莎莎（Alexsandra Mineeva）老师也分享了她对中印文化相似点的观察。当她把费孝通的《乡土中国》读给她的印度学生听时，她的学生没有表现出她读这本书时的兴奋感，而是告诉她印度也是如此。当她把佛教引入中国之前的历史跟印度学生分享时，学生们也感觉很相似。她说，这些都是印度与中国的文明联系。但从我日常阅读印度媒体的经历来看，涉及中印关系、印巴关系时，印度与西方媒体会存在不同观点，而在讨论中国国内问题时，印度媒体的内容跟《纽约时报》、BBC等几乎没有差别，甚至直接转载他们的内容。这说明印度记者中熟练掌握中文的太少，也说明印度国内学者尚不能在中国研究中贡献自己的独特视角和智慧。以法治领域为例，印度法治研究大家不少，在国际上德高望重的也不少，但尚不能找到一位专业资深同时又懂中国法的学者。这跟美国法学界很不同，美国大学的顶级法学院基本上都能找到一位用中文做中国法学研究的学者，如哈佛的安守廉教授，哥大的李本教授，纽约大学的科恩教授等。印度学者要想做出自己的独特贡献，既需要专业强，还需要有语言基础和对中国文化的理解力。这次年会中，我们极少看到这样的学者。

二是从其研究人员构成上看，印度要在较短时间内发展出自己的研究视角，尚有挑战。从年龄上看，印度中国研究的学者似哑铃形状：资深的高龄学者有几位，年轻的90后也有一些，四五十岁的中青年学者比较少。从专业背景上看，基本上是以汉语言研究或国际关系为主。从学术训练上看，老一辈的还在哈佛、哥大等接受过比较严格的学术训练，年轻学者海外知名学府读书的少，能感觉出研究方法训练的缺乏。能说中文的基本上都是尼赫鲁大学毕业。莫汉提教授对学术上的近亲繁殖问题表达了担忧，认为师门传承限制了印度中国研究的想象力。从发言的年轻一代学者看，如果以中国研究者的国际水准来评估他们的话，他们的中文水平尚处于一知半解阶段，没有老一代那么精深，专业背景也不扎实；此外还相对浮躁，缺乏印度早期中国学者的谦卑心态。不过，让人稍感欣慰的是，我也发现了个别不在中国研究圈子里浸染但接受过较好专业训练或有政策分析能力的年轻学者。他们思维不受限制，也许在专业比较研究方面能有所贡献。

我个人认为，没有对一国内部治理逻辑的理解，国际关系的研究就像无源之水，可参考价值不是很大。这种判断不仅对印度学者适用，对中国和其他国家研究国际关系的学者也都适用。我的总体感觉是，印度中国研究的直接挑战在于，既有专业背景又有语言基础的学者太少，有限的几位有中文功底的，主要专注在国际关系领域，对中国内部治理的研究极其缺乏。但我一直相信，印度不仅需要也能够培养一批在国际上有影响力的中国研究学者和研究机构。如果印度能有一批有着严格专业训练和良好中文基础的学者出现，中印的文明链接，一定会让他们产生独特的中国研究视角和研究优势。

还有一个小插曲，也值得中印学者共同反思。当中国研究所希望金大来承办这次年会时，他们委婉地提出了一个要求，即要将该会办成印度的国内年会，不希望国际（中国）学者参加。校长提出，毕竟金大是一所国际性大学，有一些国际老师关注中国研究，希望他们也有机会参会。作为回应彼此关切的一个解决方案，金大可以在正式主题之外，设两个特别主题来让国际老师参加。对其限制外国学者参会的要求，起初我本人有点好奇。毕竟这是一个相对开放的学术平台，按理说，外国学者参加应该也不是问题。后来听其他同事说，这个年会原来对中国学者开放过，但在一些敏感话题的讨论中，中国学者与他们争吵过，搞得很不愉快。此后，年会就逐渐变成印度人的国内学术讨论平台了。这样说来，这种限制政策也是可以理解的。我也听说过其他会议上有过中印学者吵架或中途退会的插曲。思考其中的缘由，很重要的一个原因是，现在的中印本土学者交流主要集中在边界问题、传统安全、非传统安全问题等敏感领域，各自持有立场，官方短期无解，学者们自由探讨的空间很窄，从而导致学术会议开得跟外交会议似的。

这提醒我们思考，中印学者应如何开展真正有意义的学术对话。中印比较研究要在世界上立足，需要中印学者的精诚合作。从金大印中研究中心举办的中印发展论坛、中印媒体合作研讨会、中印法律与外商投资研讨会，以及中印公众在立法政策制定中参与研讨会等经历来看，大家相互了解和学习的积极性还是很高的。中印比较研究的空间还是很大的，国内治理各个领域的比较研究和相互借鉴，如公共政策、基层治理、营商环境、公益诉讼、环境污染及治理都尚未真正开始。目前有价值的中印比较研究的知识生产，还主要依赖着西方学者或中印两国之外的学者，缺乏本土视角的直接对话。因此，在目前形势下，中印学者可以多研究、多交流国内治理问题。

16

我为孩子选学校

大家可能看过《起跑线》（Hindi Medium）这部电影。如果不了解印度基础教育背景，这部电影会看得有点晕。于我而言，了解印度的基础教育制度，不仅仅是为了观影，更是来自于现实的生活需求。到印度时，孩子已经四岁了，需要尽快入幼儿园。我面临的第一个问题是，给孩子选学校。这时才发现，自己对印度的学前教育和基础教育体系一无所知。

印度的基础教育制度，如印度这个国家一样多元而复杂。了解印度的基础教育制度，就需要了解印度的学制、义务教育、私立和公立的差别、教育理事会的差别等。本文将对此进行全景式的解读。

我们先看一下印度基础教育发展的制度背景。像印度和中国这样的发展中人口大国，起点都是文盲多（80%以上）、底子薄。虽然两者都意识到，要想国家发展，教育是很基础的。但资源有限时，是先发展基础教育还是先发展高等教育，是一个政策难题。中国优先选择了消灭文盲和发展基础教育，而印度早期则相对更重视发展高等教育，认为科技发展对于印度的世俗化和工业化发展很关键。虽然《印度宪法》从 1950 年就提出，国家要为 6—14 岁的孩子提供免费和普及化教育，但从两方面的具体制度我们可以看出，当初基础教育没有像高等教育那样被重视。一是基础教育条款被置于《印度宪法》国家政策指导性原则部分而非基本权利部分。印度的宪法性权利是分级的，基本权利比其他权利在宪法上地位高，可以通过高等法院和最高法院来强制执行。二是当时将基础教育立法权分配给了邦，而高等教育则主要置于联邦政府的立法权名单上。大家知道，印度是偏中央集权的联邦制。从这两点可推测，独立之初，高等教育比基础教育在印度更受重视。

印度独立近三十年后发现，如果基础教育发展不好，高等教育的受益人群将会更加受限制。1976 年，印度议会通过第 42 宪法修正案，将初等教育和高等教育合并列入联邦政府和邦政府的共享立法权名单，算是加强了重视。但更关键的一步是，2002 年第 86 宪法修正案的通过，终于在《印度宪法》第 21A 条中将 6—14 岁孩子的普及化教育列为基本权利。为了配合宪法修正案的执行，2001—2002 年政府开始了大规模普及义务教育的项目——"全民教育活动"（Sarva Shiksha Abhiyan），类似于中国的"双基"。2009 年，印度议会通过了《儿童获得免费义务教育权利法案》（Right of Children to Free and Compulsory Education Act, 2009），类似于中国的《义务教育法》。

从印度全国人口普查结果来看，印度识字率提升最快的时期是 1990 年代，因为《国家教育政策》的通过（1986 年和 1992 年修订），识字率在 20 世纪 90 年代得到快速提升，但仍存在很大的性别差。识字率性别差大幅下降是在 2009 年后，也就是《儿童获得免费义务教育权利法案》通过后。这某种程度上证明了印度将基础教育权利化在减少性别差方面的积极作用。[1] 这是印度基础教育发展的背景。

在学校分类上，与中国大规模普及公立教育不同，印度的学校有四类：公立学校（政府举办的）、私立学校（有政府资助）、私立学校（无政府资助）和社区学校。根据印度政府的调查，到 2017 年，印度有 54% 的中小学是由政府举办的，有 12% 是私人设立但由政府资助的，有 32% 是纯私营的（没有任何政府资助），剩余的是社区学校。印度也倡导就近入学，但公立学校设施普遍很落后。根据印度一家比较权威的做基础教育调查的民间组织（ASER）的抽样调查结果，到 2018 年，印度公立学校中有围墙的只有 64.4%，设女生厕所的只有 66.4%。到 2017 年，印度有 85 743 所学校只有 1 位老师，有 28% 的小学只有不到 30 名学生。另外，公立学校中的老师虽然工资不低，但老师的教学能力差或责

---

[1]　2011 年印度的平均识字率达到 69.3%，女性达到 59.8%，男性达到 78.8%；2001 年，印度平均识字率是 64.8%，女性是 53.7%，男性是 75.3%；1991 年的平均识字率为 52.2%，男性为 64.1%，女性为 39.3%；1981 年的平均识字率为 43.6%，男性识字率为 56.4%，而女性只有 29.8%。

任心不强，经常不去学校上课或在私立学校兼职。这导致中产家庭几乎不把孩子送到公立学校就读，而是去私立学校上学。为了解决这一问题，2009 年出台的《儿童获得免费义务教育权利法》规定，私立学校也要预留出 25% 的名额，接受其所在辖区中的低种姓、贫困家庭的孩子，学费由政府承担。对于一些教学水平特别高的私立学校，因为名额有限，竞争还是非常惨烈的。所以，有些中产阶级家庭，要么是因为普通名额得不到，要么是为了在得到名额时还能负担得起，就去冒充低种姓。这就是《起跑线》中那个富人家庭想怪招来挤占低种姓名额的现实背景。

如何选择私立学校，也是印度父母们关心的话题。要想了解私立学校，得先从印度学校的监管体系说起。印度学校的监管体系比较复杂，包括联邦政府人力资源发展部（2020 年 8 月后改为教育部）下面的学校教育司（区别于高等教育司）及邦政府教育部下的学校教育司，其主要职责是从事教育规划。学校教育的课程设计等内容，则由学校加入的教育理事会来确定，这些理事会在联邦或邦教育部的指导下运行。目前印度大部分学校加入的是各邦的教育理事会，但1962 年在联邦层面建立的全国中等教育理事会（Central Board of Secondary Education，简称 CBSE）正吸引越来越多的学校加入。跨邦连锁教育品牌，一般都选择成为 CBSE 的会员。到 2019 年，印度有 2.1 万所学校是 CBSE 的会员。除此之外，印度还有少数学校是国际教育理事会的会员。根据英国文化委员会的统计，到 2019 年，印度有 167 所学校成为设于日内瓦的国际文凭组织（International Baccalaureate Organisation，简称 IBO）的会员，有 400 所是总部位于英国的剑桥国际教育考评部（Cambridge Assessment International Education，简称 CAIE）的会员。被 IBO 和 CAIE 认证的学校，都是印度精英家庭激烈竞争的学校。

其实，我当初在给孩子选学校时，背景知识没有这么丰富。但我非常确定的是，不能让孩子去公立学校读书，因为大学里教职工的孩子没有一个选择公立学校。至于私立学校，其实优质资源也不多。印度的优质私立学校要么集中在大城市，要么在喜马拉雅山里面（如德拉敦）。后者是寄宿制学校，至少得八年级之后再考虑。我们大学所在的地区叫索尼帕特市，算起来属于首都圈，也就是德里的卫星城之一。[1] 索尼帕特虽名义上按照教育之城来规划，但实际上还属于待发展的农业区。要不是近些年甘地大学城和金德尔全球大学的建立，这个"教育之城"真有点名不副实。在私立大学的带动下，一些私立品牌学校开始在索尼帕特市设连锁机构或分校，如德里公共学校[2]（Delhi Public School），勾恩卡国际学校（G. D. Goenka International School），盖特威国际学校（Gateway International School）以及最近设立的现代学校（Modern School）。前几个多是连锁教育模式，只有现

---

〔1〕 德里有三个卫星城：古尔冈（商业之城）、诺伊达（制造业之城）和索尼帕特（教育之城）。

〔2〕 虽然名字中有"公立"字样，实际上是私立学校。所以，在印度人们一般都用"政府学校"来指代"公立学校"。

代学校是分校模式。我们搬到印度时，现代学校还没建立。

大学安排一位曾经在中学工作过的员工带我们去参观几所附近的私立学校。这些学校大多给我们展示硬件，如游泳池、骑马场地等。越新设立的学校硬件设施就越好。而对于教学质量，则无法判断，我们只能通过校长的教育理念来观察。

看了几所学校，儿子选择了勾恩卡国际学校。之所以选择这所学校，首先是因为它的教室里有空调。但更重要的是，校长的理念很不错，很会与孩子互动。后来我才意识到，很多学校之所以投资硬件，是因为硬件不能流动。他们对师资的投入很少，结果导致教师流动性很大。校长的理念虽然重要，但因为校长也是聘来的，随时可能会被解聘或跳槽。投资人的理念最重要，但我们却没机会接触到。

儿子上学期间学校出现过危机，优秀老师被附近一所新成立的学校挖走了不少，校长在两年内换了三位。我儿子一些同学的家长纷纷给孩子换了学校。这期间，我恰好将孩子送回中国上了小学以巩固中文基础，避开了学校特别动荡的时期。回到印度后，我们也纠结过是否要换学校。很多同事动员我们去新设立的现代学校，我们也带孩子去这所学校看了一下，但最后我们决定保持现状。一是我们的邻居是一位韩国老师，他们将孩子送进了现代学校，但也抱怨学校不好。二是换学校是有成本的，那就是初始注册费很高，这也是私立学校防止学生们随意转学的控制策略。三是换学校还意味着孩子要重新适应环境，也是挑战。四是我们发现勾恩卡学校新来的校长还不错，所以放弃了转学的想法。投资人毕竟是生意人，看到我们家二宝也要入学了，就告诉我们二宝入学可以免注册费，这让我们更决定不转学了。于是两个孩子就继续在勾恩卡国际学校读书。虽然美其名曰"国际学校"，但只有我们家两个孩子是国际学生，其他都是当地的。

当然，在学费上，这种所谓的"国际学校"也相对便宜。小学阶段，一个孩子每月大概为1500—2000元人民币，这包括了校车费和午餐费，随着年级上升，费用还会有微调。比较而言倒也不算太高，像金大老师的收入水平，是可以承担的，但周围村子里能读得起这种学校的应该不会很多。还有一些本地私立学校会更便宜些，大约每月在800—1000元人民币之间。但如果在德里、孟买、班加罗尔这样的大城市，还是可以选择 IBO 或者 CAIE 认证的国际学校，当然学费会更高。那些历史悠久、质量稳定的教育品牌，每年的学费大约在8万到20万人民币之间，应该略低于国内同档次的私立学校。这也是为什么有些中资人员会带孩子来印度上国际学校的原因。

不过，美中不足的是，IBO 和 CAIE 认证的国际学校对印度文化教得非常少，如美国驻印度大使馆在德里开设的美国学校，他们全球招聘两位中文老师教孩子中文和中国文化，却不教印地语。我个人感觉，既然在印度就需要接地气，还是要上印度本土教育理事会的私立学校，所以选择了CBSE 的会员学校。当然，这类学校在不发达地区的教育质量也是让人头疼的问题。

目前，印度农村地区的校外培训班还没发展起来。我们在孩子的兴趣培养方面就没有选择空间。于是他们下午 3 点放学回家就完全"放飞自我"，复制了我和他爸当年在中国农村上小学的场景。有时孩子也会问："妈妈，我回中国上学还能跟得上吗？"我会安慰他说："学习能力体现在很多方面，知识的积累是一方面，培养好的学习习惯和知道如何学习更重要。另外，你要学会利用自己的环境而不是被环境选择。比如，如果你能将中文、英语、印地语同时掌握好，你就能与近一半的地球人对话。如果你能坚持将印度经历写成文字发表，就可以通过互联网跟世界大多数国家的人交流想法，你的思考能力将会不断增强。"他似乎也被鼓舞了，但并不能坚持。疫情开始后，印度的在线辅导班快速发展。我们给孩子报了编程课和钢琴课。本来还想报一个印地语课，结果印度的在线课程中竟然没有印地语辅导。

在印度，就基础教育而言，公立教育通过政府学校来实现。政府出台了很多政策，如在学校设立上采取就近原则，在老师工资支付上尽量体面，并于 1995 年开始在公立学校提供免费午餐。但是，政府学校的质量是一个大问题，这主要受制于基础设施落后及老师责任心不足。但凡能负担起私立教育的家庭，都对公立教育用脚投票，这让公立教育的改革变得更加困难。印度放开了私立基础教育，让中产阶级有了更多选择。在大城市生活的中产阶级选择比较多，但在二、三线城市，私立基础教育良莠不齐，尤其是师资水平差别比较大。总而言之，中产阶级的学校选择范围受制于地域，而贫困家庭的选择则是在私立与公立之间。

17

孩子在印度小学学什么

因为疫情期间是线上课堂，学校要求家长配合管理学生的课堂学习，这让我们做父母的有了深度参与孩子课堂学习的机会。我也因此有了一个近距离观察印度小学运转及小学学习内容的机会。印度的学期是从4月1日到次年的3月31日，2020年印度疫情开始时是3月初，老大赶上三年级期末考试阶段，老二在上幼儿园中班。此后，老大整个四年级和老二的幼儿园大班都是在疫情封闭期间度过的，学习方式是线上课堂。2021年4月，老大升入五年级，老二升入一年级，印度疫情进入了第二波大爆发，直到我们2022年11月离开印度去美国，孩子在33个月的时间里一直是在线学习模式。

我在《我为孩子选学校》一文中提到过，因为学校的教学大纲和教学内容是由教育理事会决定的，因此，不同教育理事会的教学大纲和课本是不同的。孩子选的是印度全国中等教育理事会（CBSE）的会员学校，所以，他们的教学内容只代表这一理事会所属学校。当然，CBSE属于全国性的理事会，里面有2.1万所学校，还是具有代表性的。

印度基础教育体系是什么样的呢？印度 2020 年的《国家教育政策》规定：（1）将学龄前的教育，也就是三岁到五岁的儿童教育，纳入学校教育体系；（2）学校教育的课程设计从原来的 10+2，变为现在的 5+3+3+4，也就是五年的打底教育、三年的准备教育、三年的中级教育和四年的高中教育。具体可这样理解教育体系的变化：改革后，将幼儿园三年加小学一、二年级，纳入打底教育，提倡以寓教于乐的方式开展；三年级到五年级为准备阶段，六年级到八年级为中级阶段，九年级到十二年级为高中阶段。这一改革理念的初衷不错，但具体执行中尚面临很多挑战。如现有师资没有按照新教育理念做过培训，也没听说政府安排大规模的培训计划，政策的先进理念与老师相对过时的执教经验不匹配，致使政策很难落实。从我们家老二的学前教育看，老师采用的还是知识教授方式，游戏、互动和参与比较少。不过，我感觉印度在教学内容和课本的设计上还是有一些可取之处。

接下来，我们就介绍一下印度基础教育的语言学习和具体课程设计。可能有人会好奇，为什么谈印度的基础教育要从语言讲起？在本书的一些文章中，我们提到过，印度是一个多元化和多样性的国家。语言是印度国家治理绕不开的话题，当然，也是基础教育要回应的问题。

从制宪会议开始，语言就是一个极具争议的话题，《印度宪法》最终以妥协的方式确立了国家工作语言。具体是这样规定的，《印度宪法》第 343 条第 1 款规定，印度联邦政府的官方工作语言是印地语，并以天城文作为文字基础；但随即在第2款确立了15年的过渡期，并规定过渡期内"英语和印地语并列为官方语言"。实际上，15年到期后，南方一些邦发生了大规模抗议，联邦政府只好无限期延长过渡期，双工作语言模式沿用至今。另外，印度宪法还根据机构属性确立了工作语言，如联邦政府和联邦议会用英语和印地语作为工作语言，而印度最高法院和高等法院则只用英语作为工作语言。除此之外，《印度宪法》第八附则确立了22种邦级官方语言。

尽管《印度宪法》第351条规定，联邦政府有责任逐步普及印地语，但很多邦都不愿意将印地语确认为唯一的官方语言，因为他们认为将印地语确立为官方语言会将其他语言边缘化。如泰米尔语、西孟加拉语等都是历史悠久、内涵丰富的语言，他们不愿意看到自己的语言和文化被边缘化。另外，全球化背景下的商业、求职驱动，也让英语在印度越来越普及。

原则上，学校可以选择用本土语言或英语作为教学语言，具体取决于学校所在理事会的要求。根据英国文化委员会2019年的报告，印度中小学中使用的教学语言有31种，但不容忽视的是，将英语作为教学语言的学校越来越多。CBSE所认证的学校，尤其是私立学校，很多选择以英语为教学语言，这有利于迎合中产阶级家庭的偏好。我们孩子所在的学校，除了印地语课，其他课程也是以英语为教学语言。但因为学校是在农村地区，孩子们之间还是说印地语，老师在课堂之外也说印地语，所以，孩子们也适应了用印地语交流。

在语言学习上，印度1968年的《国家教育政策》确立了"三语言"学习模式，也就是说，一个学生在小学阶段要掌握两种语言，包括本地语言和另外一种语言；到初中，则要掌握三种语言，包括本地语言和英语，还有一种是从六年级开始学习的附加语言。各教育理事会都要落实这一基本规则，但语言的选择范围则因理事会不同而有所差别。到2011年，CBSE政策中确立的语言包括32种，里面既包括印度其他邦的主要语言，也包括12种国际语言。其会员学校要从中选出两种语言作为必修语言，并要求学生到八年级时，至少掌握其中的三种语言。

为遏制忽视本土语言的趋势，2020年的《国家教育政策》对1968年的《国家教育政策》做了修订，要求小学阶段学的语言至少有两种本土语言，非印地语带的邦要开设印地语课；而印地语带的邦，则要开设其他邦的语言。从六年级开始，学生再增加另外一种语言学习。实践中，我儿子的学校是从五年级开始增加第三种语言，他们学校可选择的是梵文或法语。我建议儿子选梵文，主要理由有两个：一是有了印地语基础，学梵文更简单些；二是能学法语的地方，要比学梵文的地方多，在印度，自然要学梵文。他最终接受了我的建议，结果班里只有两名学生报名学梵文，其他同学都选了法语。据我观察，印度中产阶级的孩子，一般至少掌握三种语言，因为他们的父母大多是跨邦婚姻，他们需要掌握父母亲所属邦的语言，另外，至少再掌握一门外语，而这通常是英语。但深入交流后，我发现这些印度孩子对他们父母的家乡语言的掌握大多停留在听说水平，主要用于跟祖父母或外祖父母等大家庭成员沟通。在自己的小家庭中，他们大多还是说英语。

从儿子学校的教学大纲看，一年级到三年级都会上的课是英语、数学、印地语、常识和环境课，不过内容随着年级增加而细化。数学课的知识点跟国内基本一致，英语课的开设跟国内不太一样，其课程设置有点类似于以英语为母语的国家，其印地语的教学则如我们的英文学习，从字母开始学起，然后逐渐累加单词和语法。

学习内容偏重慈善、友谊、智慧，不鼓励贪婪。同时，也会针对印度社会的突出问题如性别歧视、种性歧视等讲述一些打破歧视的正能量故事。以四年级英语教材为例，英文第一课叫《会飞的芒果》，其主题是不鼓励贪婪。故事讲的是，芒果熟了，各种小动物和人都去吃。芒果树对每一位客人说，"想吃多少吃多少，但一定给别人留点"。其他小动物也是这么做的，如小猴子吃了一半扔下去，小兔子们在树下又继续吃，其他人也是吃饱就走了。结果有一天来了一个人，拿着大袋子、小袋子，不听劝告，把树上的芒果摘得一个不剩。正当他要回家时，发现袋子里的芒果都跑出来，变成了一种鸟飞走了。还有一篇叫作《快乐王子》，讲的是王子竭尽全力救助可怜人的故事。印地语课本上，也有引导学生向善的故事，如佛陀小时候跟哥哥争论射中之鸟的归属问题。哥哥将鸟射中，认为这只鸟是自己的战利品。而佛陀则捡起了受伤的鸟，认为它是自己的救助对象。除了戒贪和向善外，印地语课本中，也会触及种姓问题，比如，不同种姓的孩子原本不一起玩，他们通过努力说服自己的父母允许他们一起玩。英语课本中则会讲印度小朋友如何通过自我组织让社区留下一个儿童活动场地，以及女孩也可以组建足球队等故事，鼓励孩子们发挥领导力，自主争取权利。

除了英语、数学和印地语科目外，印度的小学还有环境课、常识课等。这些课的设计，比较关注学生在社会化过程中的知识学习逻辑。例如环境课，不是我们狭义理解的"环境"，而是更广泛地关注人与自然、人与环境的关系。

一年级的环境课比较简单，主要以"我"为中心，比如：我最喜欢的人；我能做什么，不能做什么；什么能让我笑、哭、伤心和开心。然后讲"我的衣服"，衣服的分类，制服包括什么，如何爱惜衣服等。二年级的环境课也是从"我"开始，第一单元关注如何认识自己的身体及可从事的活动；第二单元关注健康，明确提出"健康是财富"，并举例说明哪些是健康习惯，哪些是不健康习惯；第三单元开始延伸到家，用"我爱我家"作标题，里面讲原子化的家庭和大家庭的区别，以及家庭成员之间如何相互帮助和一起活动；第四单元讲食物与健康的关系；第五单元讲衣服的类型及不同场合的穿衣需求，开始适当关注社交；第六单元讲房子的类型及家的功能区分；第七单元讲什么是安全行为等。当然也会告知孩子们其他一些相关知识，如方向和时间，空气、水与天气，邻里关系，职业，印度的重要节日和国家的重要象征等，以及人类的主要流动方式和沟通方式。最后两个单元则会关注环保及可持续发展主题，主要讲"我的绿色世界"及"我们的动物朋友"。

三年级的环境课也是这种设计思路，只是从"我"转向了"家庭"，包括家庭成员关系、什么样的家庭安排是比较温馨的。从第二单元开始讲动物世界、植物和鸟的世界是什么样的，包括它们都住在哪里，运动方式和生存方式，我们为什么要关爱动物；第六、七、九单元则主要围绕着水展开，包括水有哪些用处、哪些储存方式，植物、动物和人类是如何需要水的，以及如何节约用水等。第八单元讲食物，如何做食物以及人类食物与动物、植物的关系。最后还有一些部分讲工作有哪些类型，印度的主要节日，印度的制罐艺术、盖房子的方式等。

从四年级开始，环境课会进一步细分为人文科学课和自然科学课，并且分上下学期，同时增加计算机课。四年级上学期的人文科学课主要讲无障碍环境的重要性、什么是好的肢体接触和不好的肢体接触、现代传媒的主要方式、印度的主要传统手工艺、家（城市贫民窟、流浪者）、如何与自然和谐相处（养蜂女王的故事）、体育作为一种职业与精神（体育精神和残障运动员）、人类的早期生活（洞穴壁画及解读）。下学期的人文科学课则主要围绕水，包括水越来越少、太多水不能喝、河流的历程、沙漠中的水；娱乐，包括娱乐活动对社区的价值、社区体育、体育传统、体育来源；人口流动，包括融入大城市、无技能劳动者、为了教育流动、移动中的推拉因素、国内流动与国际流动、流动是常态；然后是我们周围的世界，包括埃及和喀拉拉的自然之美、沙漠绿洲、货币、尼泊尔之旅；最后是本地治理，包括志愿者、城市基层政府、小行为大改变、居民福利协会等。而自然科学则主要是讲牙齿、植物生命原理，还有各种小实验，包括摩擦力、氢气产生等。

常识课主要讨论印度和世界上的一些常识内容，如一年级会教印度的国花、国鸟、国家动物等；到四年级则会学世界上最高的山、最长的桥、飞得最快的鸟以及印度的第一位女总统、第一位获得奥运金牌的运动员、印度的导弹之父等内容。

除了这些，学校线上课堂还会开设音乐、舞蹈、手工和瑜伽课。非疫情期间，还会开设体育课，如板球课、马术课，夏天会有游泳课。

从一天的时间安排看，印度的学校一般有一个晨聚时间，音乐老师带大家唱智慧女神之歌，然后学生们分享一些道德故事和人文地理，最后是校长讲话，主要分享教育动态或学校计划等。疫情期间，晨聚改为线上。为让晨聚变得有意思，校长也颇费心思。她先是让学生把印度各个邦的风土人情做成PPT，每天分享一个邦；然后又让学生将全世界每个国家的风土人情做PPT分享，以扩展学生的知识面。国家介绍完之后，又让学生收集道德故事，每日分享一个。具体做法是，各年级、各班级轮流来，每个班又将两三个学生分到一个小组，由他们在晨聚上分享，这样每个学生都需要参与。为监督孩子，我们偶尔也会听一下。有一次听校长发言，她告诉孩子们，"我们最大的敌人是贪婪、愤怒和欲望"，然后结合学生在学校的表现来讲这三个方面。这跟我们小时候在中国上学时校长讲得很不一样，我感到很有意思。

因为《印度宪法》试图建立一个世俗社会，所以，各种宗教的教义内容很难编入教科书。但由于宗教活在人们心里，或者说各宗教在根源上与世俗社会对人性的期待是共通的，这又会让我们潜移默化地感受到宗教的影子，如晨聚吟诵智慧女神之歌、佛陀故事入教科书等。

不论是教科书的内容，还是日常生活，我们都能感受到印度非常关注人与环境的关系。从人自身出发，认识自己、自己的身体、自己的家庭，然后再延伸到人与植物、人与动物的关系上。这些内容在教科书中的占比超过了50%，可见印度对人类可持续发展的重视。长期耳濡目染，对孩子们在人与环境以及人与自己如何和谐相处上会有潜在影响。这应该也是我的两个孩子对动物、昆虫等有了更多人性关怀的原因。

在价值观引导上，印度的教科书更多从人性角度讲道理，不鼓励贪婪和愤怒。总体来说，印度对人性向善的引导，通过家庭教育和学校教育传承得比较好。

这并不意味着，印度社会没有问题。虽然教科书强调人要爱护自然，要与其他生灵和谐相处，但印度在工业化和城镇化过程中正承受着高污染的代价。瑞士 IQA2021 年对世界

106 个国家 PM2.5 的测试结果显示，全球污染最严重的 30 个城市中印度占 22 个。虽然学校教育鼓励向善，不鼓励贪婪和愤怒，但在学校教育之外，印度政治是以分化社群为基础的票仓政治，这正在分裂着印度社会中不同种姓、不同宗教信仰的人群。简而言之，正如其他国家所面临的挑战一样，教育的能与不能在这个国家体现得也非常明显。

18

印度高考有多难

印度高考虽非"千军万马过独木桥",但也是别样的"压力山大"。这种竞争压力来源于优质高等教育资源的缺乏、偏好特定专业的固执观念、种姓特留权的制度配额,以及准备各种考试的精力消耗……不了解印度高等教育机构以及不专门就印度高等教育体系进行研究的人,很难明白印度学子的苦衷。

根据 2020 年印度教育部高等教育司发布的《全印高等教育调查报告》,印度有 1043 所大学,42 343 所学院和11 779 个独立研究机构。从印度教育部对高等教育机构的统计分类便可看出,在印度,大学、学院和独立研究机构在法律上有不同的地位,会影响印度学子的高考选择。不了解这些常识,就可能上一所不能颁发学位的教育机构,甚至是假大学。

在印度,大学的自主性最高,可独立颁发学位,但设立非常困难。根据《大学拨款委员会法》,印度大学的设立有特定要求,只有通过专门的联邦议会或邦议会立法才可设立。《在印度建一座哈佛》曾提到，对库玛尔而言，设立大学不比筹款一亿美元简单，关键原因是他需要推动哈里亚纳邦议会专门为金大的设立通过一项立法。在这种制度下，印度国家层面的中央大学非常少，因为让联邦议会为设立一所大学而立法更是难上加难。这也是为什么印度 1000 多所大学中，只有 50 多所是中央大学的原因，而且全是公立的。2000 年，个别邦开始允许设立私立大学，2003 年，印度大学拨款委员会从中央层面予以政策认可。从此，印度私立大学走上了快速发展的轨道。印度私立大学从 2009 年的 42 所增加到 2022 年的 421 所。到目前为止，印度私立大学都是依据邦立法成立，尚没有中央级的私立大学。

与大学相比，学院的设立比较容易，印度的学院包括独立学院、直属学院和附属学院三类。为了规避大学设立的高门槛，很多私立高等教育机构是从创办学院开始的，由于学院不能授予学位，它们往往会找公立大学挂靠，获得附属学院资格，从而可以颁发学位。根据现有立法政策，印度私立大学只有直属学院，不允许设立附属学院。

印度独立研究机构主要在特定专业领域提供专业技能培训或研究生教育。独立研究机构，不隶属于大学，原则上不能开展学位教育和学历教育。那些获得相应专业委员会或行业协会批准的，可以提供学历教育，只有被确认为"国家重要机构"的才能提供学位教育。否则，独立机构只能提供证书教育。根据《全印高等教育调查报告》的数据，印度学院和独立研究机构中大约有 78% 是私立的。

对于那些质量好、历史长（15 年以上）的独立学院，大学拨款委员会于 20 世纪 70 年代扩展了它们的自主权，其中一些特别优秀的，被授予准大学资格。到 2022 年 12 月，印度有 126 所独立学院被授予准大学资格，其中 80 所是私立的。

对于优秀的独立研究机构，国家会授予其"国家重要机构"的荣誉，主要有四类：印度理工类学院、国家理工类学院、印度医学类学院和印度信息工程类学院。到 2021 年底，有 130 所独立研究机构被印度政府列入"国家重要机构"。

印度的高等教育数量看似庞大，但优质的高等教育资源尚不多。根据《2022 QS 世界大学报告》，印度进入前 1000 名的大学只有 22 所，其中印度理工学院（孟买）排名 177，印度理工学院（德里）排名 185，印度科学院排名 186，印度理工学院（马德拉斯）排名 255，印度理工学院（坎普尔）排名 277 等。进入前 500 的大学，除了印度科学院外，其他七所机构全是印度理工类学院。进入前 1000 的大学，私立的只有三所，这包括金大排在第 701—750 名之间，曼尼普尔高等教育机构（准大学）排在第 750—800 名之间，西克沙·阿奴桑丹（准大学）排在第 800—1000 名之间，还有几所私立大学排在 1000—1200 名之间。但相较于印度庞大的高等教育需求，这些优质资源显然是杯水车薪，也因此使竞争变得异常残酷。像排名前三的印度理工学院，录取率大约是 1：500，据说比麻省理工学院竞争还激烈。

进一步加剧竞争的还有种姓特留权的配额制度。印度的种姓歧视历史悠久，在来自于低种姓的《印度宪法》主笔安倍德卡尔博士的坚持下，特留权制度成为一项关键的宪法性平权措施得以推行。后来，这项措施被政客们用作扩展票仓的有力工具。印度各政党都会在选举中打种姓牌，其争取选民的方式主要是，承诺扩大适用特留权群体范围和事项范围。2005年国大党执政时通过了一项宪法修正案，将特留权在高等教育中的比例从原来的22.5%（表列种姓15%、表列部落7.5%）扩展到49.5%（表列种姓15%、表列部落7.5%、其他落后阶层27%）。2006年，联邦议会制定了《中央高等教育机构（入学特留权）法》，将这一宪法修正案在中央公立大学中推广适用，并于2007年1月3日生效。

印度知名度最高的大学是中央公立大学和理工类学院，虽然中央公立大学中就读的学生只占所有学生的6%，但因为跟邦立大学相比，中央大学资金更充裕，学费极低，师资更强，是印度精英学生的不二选择。邦立大学，基础设施差，学生多，质量普遍不高。对于私立大学而言，2007年处于刚起步阶段，一度被认为是劣质教育的代名词。所以，绝大多数印度精英学生会选择中央公立大学就读。这些优质大学中的特留权比例突然从22.5%增加到49.5%，这意味着非低种姓学生名额少了27%，导致入学竞争更加惨烈。而那些49.5%的靠特留权进入这些大学的学生，绝大多数是家中的第一代大学生，英语和基础知识普遍薄弱。为适应他们，公立大学的教学模式需要做出重大调整。调整后的课堂让精英家庭的优秀学生比较失落。因此，精英家庭的优秀学生更多选择出国读书，但毕竟能负担起高昂出国费用的家庭还是少数。因此，这些学生把目光转向了正在兴起的私立精英大学，这也是为什么私立精英大学能在 2007 年后快速发展起来的原因。

偏执的学科选择观念，也加剧着印度高考的竞争性。印度社会中有很强的重医学和重理工的传统社会观念，一流的学生必定选择学医或理工，二流的学生则选商学、法学等。金大校长库玛尔在媒体采访中曾提到自己学法学的有趣经历。当他决定学法学时，他们家的远近亲戚都跑来安慰他的父母，说："如果实在去不了医学院，至少可以去学理工，怎么也没想到你的儿子会去学法学。但既然事已至此，你们也不要太伤心了……"整个场面给他的感觉，似乎选择法学是让家人很丢脸的事。他后来致力于在印度建立国际知名法学院，也是想改变印度社会对法学的偏见。他认为，印度法治社会的质量取决于印度职业共同体的质量，因此有必要将法学建设成为一门能够吸引优秀人才的学科。但观念的改变往往是比较缓慢的。《印度快报》追踪了 1996—2015 年 86 名印度全国教育理事会学校考试中的第一名，发现他们中有 48 位学理工，大多毕业于印度理工在不同城市的学院，其中 12 位学医学、11 位学商业，只有 3 位学法学。

这种偏执的学科观念反而使成绩越好的学生压力越大，因为他们要竞争名额极其有限的医学院和理工类学院。医学院是第一竞争对象，名额极少。印度每年公立医学院和私立医学院合起来的招生名额总数大约在 5.5 万到 8 万左右。几百万考生要通过考试一较高下，而且私立医学院的学费非常昂贵，一年8万到30万元人民币，一般家庭根本支付不起。他们只能竞争公立医学院的有限席位，再去掉特留权席位，剩余数额可想而知。2021年9月13日，泰米尔纳德邦的一个17岁小姑娘在医学院考试后感觉不理想，心情沮丧，父母安慰了她几句就出去忙工作了，结果回来面对的是女儿自杀后冰冷的尸体，这是泰米尔纳德邦阿瑞雅鹿儿（Ariyalur）地区第三例因医学院考试不理想而自杀的事件。

正因为竞争激烈，替考在印度也成了一个行业。2019年1月上映的电影《印度作弊》，揭露了组织替考这个产业是如何操作的。这部电影的评价不无争议，票房收入也没达到预期，但里面的细节描述，可以帮助我们了解一些鲜为人知的印度替考内幕和潜规则。

印式高考的挑战并不只来自制度和观念，技术层面也颇为"辛辣"。印度大学考试不允许政府统一命题，认为这会剥夺学校的管理自主和招生自由。因此，印度高考是一种分学科甚至分学校的考试，需要多头准备，压力更大。报考医学院或牙医的学生，可参加全国资格考试（National Eligibility Entrance Test，简称NEET），具体又分为本科生的资格考试和研究生的资格考试。想参加这个考试，学生在高中需要将物理、化学、生物等选为必修课，类似于国内的新高考"3+3"模式。工程学或机械学的考试，也逐步在印度理工类院校中得到了相对统一，叫联合入学考试（Joint Entrance Examination，简称JEE）。具体包括两部分："统一入学基础考试"（JEE Main）和"统一入学附加考试（JEE Advance）"，前者分数占60%，后者占40%。另外法学院招生考试也在最高法院干预下陆续有所统一，如绝大多数国家法律大学都选择了"共同法律入学考试"（Common Law Admission Test，简称CLAT）。而印度私立精英法学院，如金德尔全球法学院则引入美国的LSAT来作为入学考试，随后又有19所私立法学院也采取LSAT作为入学考试。由此可见，高考不统一还是主流。除了几大重点学科的知名大学有联合考试外，其他印度大学都是自主命题招生，所以一个学生需要准备多种考试。

印度学子不仅要准备多元考试内容，还经常被不同的考场规则弄得不知所措。2021年高考季，阿萨姆邦一位19岁女孩先参加了全国的医学考试，然后又到本邦的公立农业大学考试。但因为穿短裙，她被监考老师拦在门外，不论她怎么解释都不让进考场。于是她父亲只好驱车到8公里外的市场给她买裤子。女孩后来投诉到媒体，认为这种做法缺乏公平性，她和父亲一大早驱车70公里准时到达考场，却被监考老师浪费了考试时间。她抱怨说，"考试通知上并没有明确规定着装要求，她穿同样衣服参加医学院联合考试完全没问题，为什么到这所大学就被限制？疫情期间，监考老师不检查戴口罩问题，却非要揪着衣着不放，不过分吗？"

印度政府也意识到增加优质高等教育资源供给的迫切性，并为此做出了很多努力。首先是对高等教育机构监管机制做了重大改革，如监管机构合并，允许世界一流大学到印度设分校等。此外，印度政府还于 2018 年推出了另一项重要政策实验，名为"卓越机构计划"。即挑选最有潜力成为世界一流大学的十所公立大学和十所私立大学，教育部给予政策支持。对入选的公立大学，主要是加大资金支持力度；而对入选的私立大学则主要是给予大尺度自主权，如学位项目设立、课程设计、国际老师聘用、国际合作等，笔者所在的金大就是十所私立大学之一。

对于人口大国，优质教育资源的竞争都会很激烈，而在印度，大学入学竞争尤甚。作为人口超过 10 亿的大国，25 岁以下的年轻人占到总人口的 50% 以上，这使高等教育成为印度年轻人的刚性需求。在很长一段时间内，受制于过时僵化的印度高等教育机构设立制度，私立高等教育没能释放出应有的潜力，在优质资源的供给上显得杯水车薪。此外，在教育公平问题上，印度面临更复杂的处境，如需要用种姓特留权来纠正历史性歧视，种姓配额制让原本激烈的竞争在现实中进一步强化。同样不可否认的是，印度关于优秀人才的学科偏好观念也进一步加剧了竞争。多元化高考机制，虽然是技术问题，但在制度和观念的压力累积下，也可能成为压垮骆驼的最后一根稻草。印度政府已经意识到优质教育资源供给不足的问题，实施了很多改革，但对于有着巨量人口的后发大国来说依然任重而道远。

19
在印度看医生

在中国自媒体上，有一些赞扬印度免费医疗的文章。但如果看印度人对本国医疗体系的分析，你又会发现，他们的自我批评还是非常尖锐的，有的甚至认为印度是少数自掏腰包看病负担最重的国家之一。在我看来，对印度的分析一定不能简单化或一刀切，要熟悉政策发展的来龙去脉，还要有比较的视角，才有可能做出一点相对靠谱的判断。

印度的医疗保障在现实中的运行情况到底如何呢？我将从印度医疗保障的现实情况、政府为减轻民众医疗负担所作出的各种努力以及从我和家人在印度看病的经历，来观察和分析印度医疗服务体系当下的运行情况。

印度的医疗服务是公、私并存模式，且以私立为主。根据法国知名智库蒙田研究所（Institute Montaigne）2020 年 11 月 3 日发布的报告，印度私立的医疗基础设施占到了印度基础医疗设施的 62%。目前印度有 43 486 所私立医院和 25 778 所公立医院，其中私立医院有 118 万张床位，而公立医院只有 71 万张床位。在费用支出上，在私立医院看病显然要比公立医院贵，平均支出大约要高出四倍。这是因为公立医院由政府全额资助，而私立医院则是自收自支。

印度作为发展中人口大国，穷人多，如何让穷人看得起病是政府长期面临的挑战。根据政府医学院（Government Medical College）莫汉·拉尔（Mohan Lal）教授分享的数据，2008年前，印度80%的人看病都是自掏腰包，只有15%的人享受公费医疗，4%的人享受社会保险，1%的人享受私人保险。鉴于印度人40%自掏腰包的费用是用来买药，故《国家健康政策2017》提出，国家投入应该占到GDP的2.5%—3%，所有公立医院要实现药品免费、诊断免费和急诊免费，这样印度民众自掏腰包的费用才会降到诊疗和购药费用的30%。根据实事求是网站（Downtoearch）的研究，直到2021年，印度政府投入到医疗保障上的资金只占GDP的1%。另根据《印度教徒报》2021年1月29日的报道，印度65%的病人死于非传染性疾病，也主要是因为自费看病花费太高所致。

面对民众医疗负担重的挑战，印度历届政府都在努力。根据《印度宪法》第七附则，医疗卫生在邦的立法权名单上，属于邦的职责范围。但医疗保障需要政府的大量投入，而大多数邦政府缺乏财政能力，因此，联邦政府正在扮演越来越重要的角色。目前，印度尚未通过有关医疗保障的立法，其医疗政策主要由三个国家健康政策和多个政府项目来推动。三个国家健康政策是《国家健康政策1983》、《国家健康政策2002》和《国家健康政策2017》。另外，还有多个针对穷人的医疗保障项目。

从 2008 年开始，印度政府开始推广社会医疗保险计划来扩展对穷人的医疗覆盖。同年，印度劳动和就业部针对贫困线以下的非正式就业人员发起了"贫困国民保险项目"（Rashtriya Swasthya Bima Yojana）。参加这个项目的家庭，每年每个家庭只需支付 30 卢比（大约 3 元人民币），剩余的 750 卢比保险金由联邦政府（75%）和邦政府（25%）支付，可保障六名家庭成员，每个家庭每年可报销 3 万卢比的治疗费用。除了个别大病不在报销之列，其他门诊和住院都在报销治疗范围内，还包括 1000 卢比的交通费用。与以往不同的是，在参与贫困国民保险项目的医院名单里，不仅有公立医院，还包括私立医院，这为穷人增加了救治选择。政府官方网站显示，在项目发起后的五年里，有 342.8 万个家庭被纳入了保险项目。

针对这个项目中老年人可能不被保障的情形，政府专门推出了一个针对老年人的医疗保险计划"老年人健康保险计划"（Senior Citizen Health Insurance Scheme）。其保费和保险范围与上面提到的"贫困国民保险项目"基本上一致。同在 2008 年，印度联邦政府又发起了"贫穷地区低价药品项目"（Jan Aushadhi Scheme），主要是控制基层和贫困地区的药价。

莫迪政府在"贫困国民保险项目"和"老年人健康保险计划"基础上，整合出了一个全国性的医疗保障项目"国家健康保护计划"（Ayushman Bharat），旨在保障低收入家庭和贫困家庭看病吃药的基础需求。与"贫困国民保险项目"

相比，该项目覆盖的人群不再限于贫困线以下，而是扩大到低收入家庭，这将覆盖印度 1.074 亿个低收入家庭。这意味着，大约 5 亿人口将被纳入保险计划，约占印度人口的40%，显然比原来的覆盖人群范围大了很多。保障标准也大大提高，每个家庭每年最多可报销 50 万卢比的住院费用。因此，这个项目被称为"印度独立以来实施的最雄心勃勃的医疗保障计划"。"基层药价控制项目"也于 2015 年被纳入"全国低价药店建立项目"（Pradhan Mantri Bhartiya Janaush-adhi Pariyojana）中，也就是在农村和城市贫困地区设立低价药店，这些药店将低价或免费提供 5000 多种仿制药品和手术易耗品。这不仅解决了穷人买药负担重的问题，还通过设立药店，解决了一部分人的就业问题。

另外，政府也很关注基层的医疗保障服务问题，并理顺了公共医疗服务的设立体系，建立了包括农村诊所、初级保健中心、社区卫生中心和政府医院参与的四级医疗保障服务体系。农村诊所的设立标准为每 5000 人设一个，偏远农村则每 3000 人设一个。每个农村诊所配备两名受过医疗培训的工作人员（类似于中国的乡村医生），他们在农村地区提供免费的医疗服务。初级保健中心每 3 万人设一个，主要设在相对发达的村镇，配备一位医生和一位准医护人员，也主要是配合国家医疗保障项目的实施。社区卫生中心，在城市每 12 万人设一个，而在农村每 8 万人设一个，可接受初级保健中心的转诊，也主要配合国家医疗保障项目的实施。政府医院包括地区政府医院，则可接受从社区卫生中心转诊来的病人。印度目前基本实现了每个地区（类似于中国的县级市）有一个地区医院，在这些医院看病的费用，基本上免费或只是象征性收费。除了地区政府医院，印度公立医学院的附属医院也基本上都是公立的，如大家所熟知的全印医学科学研究所医院（AIIMS）是印度国家领导人就诊的主要医院之一。

关于医生的培养，我在《印度高考有多难》中曾提到，印度医学院入学考试竞争惨烈且学费比较高，这导致了印度医生稀缺和社会地位优越，因此，期盼这些医生下沉到基层工作是非常难的。于是，印度从1977年开始了社区卫生员的培训项目。在印度的基层，主要由这些被培训的社区卫生员为人们提供一些医疗咨询，包括接生服务等。这是有报酬的职位。印度最大的一个社区卫生员培训项目起始于2005年，即社区卫生员认证项目（accredited social health activist），到2018年已经认证了近100万社区卫生工作者。该项目多选择女性作为培养对象，因为其重要的两项职责是孕产妇护理和婴幼儿疫苗接种。

我在印度生活的这几年，自己去过医院，也带孩子和老人去看过病。所以，我也想从实际经历来分享一下对印度医疗系统运转的观察，或许这些观察可帮助大家加深对印度医疗系统的认识。

我没有去过印度的公立医院就医，所以也就从没享受过印度的免费医疗服务。正如上面所述，印度的免费医疗服务主要依托公立医院或社区诊所开展。如果不选择公立医疗服务场所，就无法享受到印度的免费医疗服务。以纳入全国免费接种的儿童疫苗为例，要是选择去私立医院或诊所接种，即使在全国免疫之列，也需要自掏腰包。印度虽然是疫苗生产大国，但不是疫苗研发大国，所以，疫苗在其国内的销售还是按进口价格，是比较贵的。像婴儿时期接种的常规疫苗，如果选择去私立医院接种，就需要花很多钱，最便宜的一针也得80多元人民币。但我发现，我的印度同事选择去公立医院为孩子接种疫苗的很少。中产阶级都嫌排队麻烦，可能也不太喜欢公立医院的落后硬件设施。不过我听说，印度公立医院的医生水平还是很高的。

日常生活中，我们选择的医院都是大学诊所推荐的转诊医院，他们优先推荐的是私立专科中心或小型综合医院，这也是印度中产阶级的常规选择。以我生活的索尼帕特市为例，类似于中国的县级市。我们2014年来的时候，略微综合点的医院就只有一个，叫郁金香医院。所谓"综合"，也只是多了几个科室，但像脑CT这样的检查仍需要去其他的专门检测中心做，略复杂点的血液或尿液检查也需要到其他的专门实验室去做。检测费用比中国略便宜些，但因为不能在一个医院完成，加上时间和交通成本，也不算便宜。像中国那样的大型综合性医院，在索尼帕特市还比较缺乏。当然，印度私立医院发展很快，索尼帕特市在过去几年就增加了好几家像郁金香医院这样的小型综合医院，而且还设立了一家儿童医院。

印度的私立医疗服务水平，有些参差不齐。我女儿曾因发烧惊厥，在索尼帕特市的郁金香医院住了两天院。主任医生的挂号费为100卢比（约10元人民币），住院花费折合人民币大概三四千元，尚可接受，但与其硬件设施水平相比就不算便宜。尽管我们要求的是最好的病房，但还是比较简陋，有独立卫生间，但也只是达到中国80年代县城宾馆的设施水平。医生倒还专业，也比较耐心；护士的业务水平弱一些。在印度，看牙科是比较划算的，美国朋友都向我打听如何到印度做根管治疗。印度有比较大的牙科连锁医院，如Clover。我带儿子在这个牙科连锁医院的一个诊所做过根管治疗。诊所很干净，设备配置跟在国内的私立牙科诊所差不多，医生的职业素养很高，收费要比国内低很多。儿子在国内做过两颗牙，到印度做的另外两颗，平均价格只有国内的八分之一。

我家三宝是在印度出生的，我选择的是印度最知名的私立医院之一富通医院（Fortis Hospital）。在印度，原则上外国人只要持有效签证，就可以在印度任何一家医院看病，但器官移植除外。而在2019年前，大病治疗还要求有医疗签证才行。在印度，大的私立医院对本国公民和外国人的收费会有较大区别。外国人的收费从挂号到检测到住院，要比印度公民高出45%。我跟他们说，我们在印度也是纳税的，这种收费不公平，跟医院国际部的人辩论了好久，他们才同意给我按印度人的门诊收费标准结算。我选择的大夫是德里妇产科界比较受尊重的一位主任医生。她的挂号费，即使按照印度本地标准，也要每次1500卢比（约150元人民币），不算便宜，但相比较于她所提供的专业服务，还是很值的。她的业务能力很强，又有着印度人特有的一种平和。每次跟她交流，都让人感觉很踏实。虽然她病人很多，但在预约安排上，她会给每个病人 20 分钟到半个小时的时间，而且时间利用得很充分。她还会在建档当天把自己的手机号和团队所有人的手机号分享给孕妇，有问题时可以通过 WhatsApp（类似于微信）随时跟她们联系。在产后的一段时间内，她的团队还会提供很多免费专业的跟踪指导。对于路途远的病人，她会协助在病人家附近确定一个可靠的医疗检测中心，这样病人就不必跑到她所在大医院排队等待各种检查。需要补充的是，虽然我的门诊费没有加收 45%，但到了待产住院时，因为我没有印度版的身份证（叫 Aadhaar card，外国人也可申请），医院按照印度政府规定，仍按外国人标准结算我的住院费。顺产、48 小时的产后医疗护理、有独立卫生间的单人病房，总共支出大约两万元人民币。这包括了医生接生、新生儿护理、用药等所有费用。我个人感觉也还算能接受。毕竟是疫情期间，能有安全的诊疗机会就很不错了。

日常生活中，在印度买药，超过 100 卢比（10 元人民币）价位的药很少。而且这里的医生跟美国医生类似，开药时有严格的时间限制。比如某种药一盒或一板有 10 片，但若根据医生的判断，这个药最多只能吃 6 片就需要回到医生那儿复查，那他就只给你开 6 片的处方，药店就只能拆包或剪下 6 片来给你。即使是大学诊所的医生也是这样行事。关于药价，可以给大家举一个具体的例子。我父亲有帕金森综合征，他要吃一种叫森福罗的药。这个药在印度的价格只有国内价格的六分之一。我感觉印度的药价，对于低收入以上的家庭是非常便宜的，当然，对贫困线以下的家庭来说，还是有点贵。

有工作的人一般还会买私人商业保险。大学给每位老师买了商业保险，最多可以带五位家庭成员。当然大学买的这种保险属于保额偏低的，每个家庭每年只能报销30万卢比，比"国民健康保险计划"的50万卢比报销标准还要低，而且只报销住院费，不报销门诊费。这个报销比例，遇到普通疾病还能应对，但遇到癌症或者新冠重症就是杯水车薪了。几年前，有个同事患了癌症，医疗保险根本不够，同事们还捐了款。很多中产阶级，都会购买额外的商业医疗保险，甚至多份商业医疗保险，这样报销比例就会高很多。印度政府也鼓励民众购买商业医疗保险，并允许保费从应缴个税中扣除。

简而言之，在印度，公立医院、卫生中心和廉价药店保底层民众的需求，而中产阶级则被给予了多元化的市场选择机会，包括保险类别和就诊医院。为了扩大对更多低收入家庭的覆盖范围，印度政府在过去十几年已经从公立医院保障逐步转化为社会医疗保险计划保障。作为一名在印的中国人，我感觉印度政府在努力实现可负担得起的医疗服务方面，做得还是不错的，当然也没夸张到自媒体所说的"全民免费医疗"的程度。

20

委婉的计划生育政策

大家可能好奇，我们的邻国——印度，世界上仅有的两个超过 10 亿人口的大国之一，它的人口增长趋势如何？它是否也施行过计划生育政策呢？

要不是我疫情期间意外怀孕，在印度生了三胎，还真不知道，原来印度也有计划生育政策，而且是世界上第一个由国家支持实施计划生育政策的发展中国家。我将在下文中分享印度计划生育政策的发展历程，并进而分析这一政策是如何影响到我这个外国人的。

根据学者塔帕（Savitri Thapar）的研究，印度最早提出人口问题并建议控制人口的学者是瓦陶勒（Shri Pyare Krish-en Wattal）。他在 1916 年出版的《印度人口问题》一书中，提出了人口控制建议。他的建议并没有得到英国殖民者的关注，但引起了印度独立运动领导者们的兴趣。就如何控制生育，独立运动的领导者们看法不一，有的建议采用避孕措施，有的建议节欲。根据学者赖德百特和塔帕的建议，独立后的印度成为世界上第一个采取国家调控计划生育政策的发展中国家。尼赫鲁亲自领导的国家计划委员会从1950年的第一个五年计划就强调计划生育，并要求尽快调查印度人口快速增长的原因，以及寻求有效控制生育的技术和政策建议。第一个五年计划还建议在联邦和邦政府层面设立计划生育委员会，并要求公立医院和卫生中心将计划生育信息和服务及时提供给印度家庭。

1952年，印度正式开始国家支持的计划生育政策。到第三个五年计划时，印度政府拨付的用于计划生育的资金达到2.5亿卢比（那时1美元大约为5卢比）。[1] 对于一个贫穷的发展中国家，这个数额是惊人的。1967年，英迪拉·甘地政府更加重视计划生育，制定了人口出生率从1967年的0.41%降到1975年的0.25%的目标，而且任命当时疾呼计划生育政策的人口学家昌德若斯卡尔（Chandrasekhar）为卫生与计划生育部长。[2] 在接下来的十年中，印度政府采取了非常积极的人口控制措施，包括鼓励节育和带环，不仅服务免费，还给现金奖励。若是政府职员，另给五天假期。政府还呼吁私营企业参与进来，如当时塔塔集团就响应号召，给做绝育手术或带环的员工奖励250卢比，数额很诱人。另外，印度政府还说服美国提供各种支持，包括提供两亿个避孕套，并帮助印度设立自己的避孕套生产车间。到1970年，印度政府已经设立了4.5万个诊所和862个流动诊所，绝大

　　〔1〕　Rosanna Ledbetler, "Thirty Years of Family Planning in India", *Asian Survey*, July 1984, Vol. 24, No. 7, pp. 736-758.

　　〔2〕　同上。

多数在农村，用来提供计划生育的信息、设施和服务。[1]

到 1974 年，印度的人口出生率降到了 0.35%，但离政府设定的目标依然比较远。到 1976 年，英迪拉·甘地决定采取更加强制性的措施来快速降低出生率，并任命自己的儿子山崎·甘地牵头执行。山崎设定了清晰的目标，即从 1976 年 4 月到 1977 年 3 月，要为 430 万人做节育手术，并让各邦制定自己的目标。[2] 大多数邦规定生完二胎或三胎的都要做节育手术。邦政府为了执行任务，又将指标分派给公务员，要是他们完不成指标，就扣罚工资。据媒体报道，单比哈尔一个邦，就有 5 万公务员因为完不成指标被扣发三个月的工资。一些地方还出现了警察与民众的暴力对抗。[3] 这一激进的计划生育政策以 1977 年英迪拉·甘地大选落败而告终。

后来政府调整了政策，将计划生育纳入到卫生与福利项目中，卫生与计划生育部也于 1977 年被改名为卫生与家庭福利部。学者们认为，印度的人口增长，受很多因素影响，包括印度教中偏好男孩，认为人死后只有儿子点燃火葬台上的木火才能永生；也包括印度就业率低、受教育程度低、结婚年龄早等。他们认为，这些复杂原因导致用激进措施降低出生率是不可行的。另外，对于一个民主国家，用强制性措

---

〔1〕 Rosanna Ledbetler, "Thirty Years of Family Planning in India", *Asian Survey*, July 1984, Vol. 24, No. 7, pp. 736-758.

〔2〕 同上。

〔3〕 同上。

施控制生育也是有政治代价的，英迪拉·甘地就为此付出了选举失败的代价。

1980年代后，印度成为人口增长最快的国家。根据美国统计局1983年8月的数据显示，1982年7月到1983年6月期间，世界上人口增长较快的国家依次是印度、中国、印度尼西亚和孟加拉国。但英迪拉政府之后，没有一届政府再采取强制性计划生育政策，而主要靠提倡避孕，同时在政策上鼓励少育。印度在2000年出台了《国家人口计划政策》，不再像以前那样明确以控制生育为目标，而是将计划生育定义为生殖健康和儿童健康干预项目。从印度《卫生和家庭福利部2019—2020年报告》中关于计划生育的措辞也能看出，其使用的语言更偏向福利视角，且是说服性的，"如果未来五年我们采取合适的避孕措施和计划生育措施，我们将避免3.5万的产妇死亡和120万婴儿的死亡"。另外，印度卫生与家庭福利部的年度报告中都有专门一部分讨论计划生育，重点关注人口增长率及避孕措施的普及率。从2016年开始，印度发起了国家计划生育项目，加大对避孕措施尤其是新避孕措施的推广。《卫生与家庭福利部2019—2020年报告》回顾了四年来印度新避孕措施的推广情况：印度在2016—2020年间，绝育手术和带环人口的比例正在下降，从2016年393万降到2020年的123万，安放宫内节育器的人口从597万降到288万；而采取避孕针剂的人数则从2016年的零增长到2020年的102万，使用复合口服避孕药的人数从2016年的48万增长到2020年的145万。该报告还显示，到2019年，印度使用避孕措施的情侣或伴侣已经达到 47.8%，而在 1971 年只有 10%，这几乎是原来的 5 倍。

虽然印度从 1977 年放弃了激进的强制性计划生育政策，印度的出生率和人口增长率在近些年还是下降很快，尤其是经济快速增长之后。印度《卫生和家庭福利部 2019—2020 年报告》显示，印度的孕育率已经降到 0.22%。从报告提供的 2017 年的数据来看，印度生育率最高的邦是比哈尔邦为 0.32%，其次是北方邦 0.3%，而德里的生育率只有 0.15%。从人口增长率看，印度 2017 年到 2018 年的人口增长率为 1.04%，2018 年到 2019 年降到 1.02%，2019 年到 2020 年降到 0.99%，2020 年到 2021 年降到 0.97%，一直呈下降趋势。

如果只看这些，我们会以为，印度目前的计划生育效果只是通过提高避孕措施的可获得性来实现的。要不是在印度生三胎，我也不会知道计划生育政策还嵌入到医疗保险和产假等措施中。

我们家的医疗保险可以覆盖六位家庭成员，只有两个孩子时，我们在保险中列的家庭成员包括：我、老公、两个孩子和两位父母，但那时不知道我们的保险只能覆盖两个孩子。直到生三胎要去住院分娩了，我才从人力资源那里了解到，因为是第三胎，我的保险不能覆盖，所以这笔费用需要自己负担。尽管我说生孩子的是我，那保险至少应该覆盖我，但他们坚持认为，因为我生的是第三个孩子，保险不能覆盖。我后来问印度同事，他们多数都知道这个政策。老三出生之后，大学又让报保险的覆盖人群。我跟他们沟通，说我们的父母不在这儿，不需要列父母，请只覆盖我们夫妻和三个孩子，他们坚决不同意，让我选择两个孩子的名字报给他们。我没法选择，就一直没回复，最后他们就按往年报，把三宝的名字给划掉了。他们给我发了学校投保的保险公司的家庭医疗保险政策，我看到政策的确是最多覆盖两个孩子。这期间学校换了保险公司，政策却是一样的，我也是很无奈。

实际上受影响的还不只是医疗保险政策的覆盖，三胎的产假也不同于前两胎。1961年《产期福利法》只提到12周产假，没提几个孩子。但是，各邦陆续推出了第三个孩子不给产假的规定。2017年修改的《产期福利法》做出回应，前两个孩子可以给26周产假，第三个孩子只给12周产假，差别性产假被法律明确规定下来。关于男性的产假，目前只在联邦政府公务员中适用，也只给前两个孩子。乌特尔坎邦高等法院在2018年还宣布邦男性公务员三胎没有产假的规定合宪。不仅如此，印度政府还有一些福利政策，如《印度食品安全法》规定孕产期妈妈可得到大约6000卢比的食物补贴，但只给生一胎的妈妈。还有其他一些针对穷人的福利项目，如英迪拉·甘地孕产妇补助项目（Indira Gandhi Mantritva Sahyog Yojana），最多给到两胎。

虽然目前印度的主流还是在呼吁推行计划生育政策。但现实中，印度的出生率和生育意愿已经很低了。在大学将我们家三宝名字从家庭保险的名单中划去时，我向人力资源的主任表达了强烈不满。他们答应做个调研，如果大学老师中三胎家庭多，他们可以尝试去跟商业医疗保险公司谈判。可能大学老师和员工中生三胎的太少了，后来这事就不了了之了。从我周边的同事和我认识的印度朋友来看，几乎没有生三胎的。这些来自中产阶级家庭的 70 后、80 后和 90 后们，甚至他们父母那一代也以两胎为主，很少生三胎，而到他们这一代，绝大多数只生一个或两个孩子。整所大学除了个别离异再婚的，的确很少听到印度同事有生三胎的。当然，附近村里的农民还是有三胎或四胎的，比如给我们家打扫卫生的阿姨，她 1978 年出生，有四个孩子，但她的情况在村里也算少数。所以，当我生三胎时，也算是大学里的一个小新闻，尤其是中国人生了三胎。中产阶级中，不仅生三胎的很少，而且周围大龄青年不结婚的印度同事也大有人在，有的甚至已经错过了生育年龄。这也是为什么像德里这样的城市，生育率只有 0.15% 的原因。

简而言之，独立后的印度很快就意识到计划生育的必要性，在经济基础很薄弱的 1960 年代，就拿出 2.5 亿卢比用于计划生育，并通过公立医院和诊所推广计划生育服务，后来还用金钱和假期奖励来鼓励绝育手术和宫内带环等避孕措施的推行。印度政府也试图在 1976—1977 年施行激进的强制避孕措施，但引起了民众的反感，这些激进强制措施以英迪拉·甘地选举失败而告终。此后，印度政府的计划生育策略转向卫生和福利策略。卫生侧重在安全避孕措施的推广和提供，而福利主要是从补贴、产假、医疗保障中对一胎或二胎家庭予以鼓励，或者说，变相对三胎以上家庭采取限制性措施。随着经济的发展，印度的出生率正在逐年下降。除了几个比较穷的邦，如比哈尔邦和北方邦还维持0.3%以上的生育率，其他邦均已降到0.26%左右，而德里、孟买这样的城市，生育率早已降到0.15%左右。印度目前的生育率已经降到了0.22%，比保持生育平衡的0.21%略高一点。可以预测，随着印度经济的快速发展，在不久的将来，印度的出生率会跌破0.21%。这意味着，印度的计划生育政策需要更有前瞻性，应该提前结束限制性计划生育政策，以避免"未富先老"的社会尴尬。

21

印度的大家庭观

　　到金大就职后，我的办公室同事已换了很多位。其中，一位叫坦努斯蕊的女士让我印象深刻。这不仅仅是因为她很优秀，还因为我从她身上找到了久违的东西。当时，大学很器重她，但她没待多久就离开了。我问她，为什么做出这个选择？是不是不喜欢这份工作或这里的工作氛围？她说，自己很喜欢这份工作，她离开的唯一原因，是要为父亲选择更好医疗条件的城市生活。她母亲已经去世了，她到哪里工作都带着父亲。而这所大学所在地区的医疗条件不好，她父亲曾在这儿遇到过急诊困境，于是她便决定辞去这份工作，接受了班加罗尔一家企业的邀请，带着父亲离开了。

　　她只是我所遇到的多个"同事照顾父母"的案例之一。另一位同事，她对印度城市治理研究很深。我原计划邀请她跟中国学者一起合作一个研究项目，当时给她打电话才知道，她因母亲病重需要照顾而停薪留职了。还有一位同事，他本来是这所印度最有发展潜力的大学（金德尔全球大学）的教务长，相当于常务副校长，却因为父母年事已高而辞职，在班加罗尔找了一份大学校长工作。上任时正赶上"新冠"，陪父母不到一年，父亲就感染了。他和妻子轮流照顾，也因此感染了。有一天，我看到他的 WhatsApp 头像换成了他父亲的照片，就有一种不祥的预感，便给他发了一条信息。几天后他才回复说，他的父亲去世了，他非常伤心。他WhatsApp 签名档里写着，"父亲是我生活力量的源泉"。

就是这样与多位印度同事的互动中，我重新认识了"父母"这个词。这些互动，让我真实感受到了他们与父母之间的深厚感情，以及他们为表达这种感情所付出的努力。难道他们与父母没有代沟？为什么他们可以为父母如此付出？

2014 年我在哥大法学院读硕士时，哥大有一门特别火的课——谈判课，尽管学院同时开了八个班，但仍然需要在选课系统抢名额。先到先得，抢完为止。我有幸抢到了一个位置。我之所以选择这门课，不是为了职业发展，而是源于跟母亲的沟通困难。从小到大，母亲给我的印象是强势，甚至偏激，导致我们母女俩在日常生活中沟通特别困难。虽然她有很多优点，如勤劳、能吃苦、敢闯，但是跟她沟通实在困难。我和弟弟都有同感，她在谁家生活，谁的小家庭就鸡犬不宁。我试过用各种办法跟她讲道理，均行不通。所以在哥大谈判课上，当老师问及本课的学习目标时，我的回答是"为了实现跟母亲的有效沟通"。后来，我还专门约任课老师喝过咖啡，就此事进行深入交流。她说，其实她也遇到过相同的问题。她母亲后来自杀了，直到去世她们母女都没能有效沟通。似乎美国"60 后"一代和中国 70 年代末到 80 年代末出生的那一代更容易受代际沟通问题困扰。我身边一些中国同事和朋友也跟我分享过他们与父母沟通困难的经历，相互坐在一起，要么无话可说，要么是很表面化的交流。

但事实是，我们和父母的心里都装着彼此，而且有着很深的牵挂。疫情期间，中印没有航班，我最怕听到父母身体出问题的消息。父母也了解我们的心思，所以，即使有问题也一般不跟我们说。有段时间，老妈身体不太舒服，在村卫生所打了十天吊针也不见好，后来老爸带她去县医院看了一下，还做了个小手术。这些我也是后来听二姨说的。每次打电话，父母都是报喜不报忧，生怕我们牵挂。

《奇葩说》第七季总决赛冠军傅首尔在一次辩论中提到，我们总想试图改变父母，把时代的问题归结于他们，我们什么时候对他们用心过，让他们跟我们一起进入时代？现在回想这句话，的确很有道理。时代快速转型容易导致代际沟通困难，但我们不能让父母独自承担。印度同事的做法，让我越来越意识到，这种被社会快速转型而激化了的亲子沟通障碍，其消融需要的不是技术，而是爱和责任。

2021年5月，印度疫情严重，身边不断传出朋友或朋友亲人去世的消息。此前，大学会通过社会网络为感染新冠的教职工争取比较好的医疗条件进行救治。但从2021年4月开始，大学给全校发邮件，对日益增加的感染者，大学已然没有能力再帮助争取床位和吸氧设备，请大家好自为之。我第一次感觉自己离死亡如此之近，并突然感到生命无常。假设我现在离去，父母肯定是我最重要的牵挂之一。既然如此，为什么非要等到离去时才表达遗憾，而不是现在就告诉他们"我真的很爱你们"。观念不同又如何，我们的爱不需要以观念为基础。于是，我突然就释怀了。此后，我和母亲视频沟通非常自然，一起开玩笑，聊无聊的话题，很放松，也很开心。不再像以前那样，母女时刻准备着论辩以驳倒对方。

我们的改变，也改变了他们老两口的关系。这对老夫妻，可谓是一生的"战友"。我和弟弟小时候经常在他们摔盆砸碗中哭着入睡。他们试图离婚好几次，但都在长辈的劝说下放弃了。谁能想到，2021 年老妈竟然用三轮车载着老爸去看桃花，好浪漫啊！

以前我总抱怨我们从农村走出来的这一代太难了，求学、就业、买房全靠自己；人到中年，既要为"让孩子不输在起跑线上"而奋斗，又要为没有退休金的父母负担起相对体面的生活，过得经济和精神都紧张。以前我想的是，如果父母同时不能自理，就把父母送到养老院。但我最近一直在思考，人生在世，哪一代人又是容易的？我当下拥有的不是最好的吗？我的印度同事可以停薪留职或放弃优越的工作回家照顾父母，我又有什么不可以呢？在父母不能自理时，有我的陪伴，一起聊聊过往，讲讲柴米油盐的趣事，他们会不会更开心？

印度同事的大家庭观，不仅仅是对父母的爱和责任，还有以此为基础的大家庭互助关怀。

今日中国之家庭已经原子化了，主要由夫妻和自己的孩子组成，邀请父母过来居住，多半是为了照顾孩子；等父母需要照顾的时候，真正接到身边或辞去工作照顾的年轻一代非常少。兄弟们一起生活的，更属罕见。印度却还保持着大家庭的生活习惯，儿子们要跟父母一起生活，除非因为重要工作必须到另一座城市或国外生活。多个子女的，至少有一名子女要跟父母一起生活。在印度，兄弟们生活在一起的大家庭很多。这让他们的家庭责任超越了亲子范围。

曾有一个印度学生来办公室找我，请求我推迟一下他提交作业的时间，那份作业有 20 分，分值比较重。我问他为什么，他说自己这学期选了八门课，实在应付不过来。金大法学院学生一般每学期选四五门课就很吃力了，我便好奇地问他为什么会选这么多课。他告诉我，上学期去西班牙做交换生一个学期，快期末考试时，堂妹结婚，他没来得及考试，就回来张罗婚礼……我当时很吃惊，还在微信公众号上吐槽过类似的情形——今天家里有婚礼，明天家里有葬礼，后天谁又订婚，哪天又陪奶奶或爷爷去医院等，总之，都是让学习给这些事由让路，实在不可思议，而且也不排除一些学生用这当挡箭牌。但随着在印度生活时间的拉长，和对印度家庭观的更深入理解，我逐步意识到，自己在这个问题上的理解过于主观臆断了。

另一个学生到我办公室讨论论文修改时，我们闲聊起来，他告诉我他的父母早就去世了。我当时很吃惊，因为他上的可是印度最贵的私立大学之一，而且要上五年，学费加上生活费大约需要 40 万元人民币，这在印度可不是小数目。

问他经济来源，他说是叔叔在资助他。还有一个同事，她父母去世早，留下她和一个精神异常的弟弟，他们俩都由伯父养大，伯父还支持她在英国和美国读硕士和博士，直到她在美国知名法学院取得法学博士学位。她精神异常的弟弟，一直由伯父家照料。

疫情期间，我从我的学生那里听到了很多关于大家庭互助的故事。哪怕非常优秀的印度学生，也会向我请假，有的是因为自己感染了，但更多是照顾家中感染的亲人。比如，有的学生告诉我，她父母和哥哥嫂子都感染了，她要负责将奶奶转移到安全的地方，并陪奶奶一起生活。有的学生说，父母都感染了，他需要陪他们去医院。还有的学生说，大家庭都感染了，他属于症状轻的，所以，要给大家庭安排很多事情，包括帮忙照顾生意……想想这些孩子，都是刚二十出头的年纪，在疫情肆虐期间不顾感染风险，勇敢承担起支撑大家庭的责任，让我非常感动。但在他们看来，这都是很正常的事情，因为这是他们已经非常习惯的一种文化和生活方式。即便是观念非常现代的同事，也会告诉我，她的表姐或叔叔、姑姑等因为新冠去世了，得去参加葬礼。当时印度新冠非常严重，难道他们不怕感染吗？他们说，大家庭需要相互支持。

大家庭一起生活肯定有负面影响。在某种程度上，大家庭生活模式也是印度疫情扩散特别快的原因之一。在嫁入印度的中国妻子微信群里，经常听到有人抱怨，疫情非常严重的时候，家庭成员不是居家隔离，而是每天到庙里虔诚地祷告，让一起生活的家庭成员感到不安全。大家庭生活，还可能会强化那些本该抛弃的传统观念，如在《拉文德生活中的种姓影子》一文中，我们提到了大家庭对跨种姓婚恋所采取的极端措施，如荣誉谋杀。

但是，大家庭观搭建了一个守望相助的互助网络，这本身就是社会资本。我在《与印度精英共事》中提到了印度人社交网络的二重性，既有稳定的社群互助型网络，也有相对功利的社交型网络，这使印度人"抱团取暖"变得更容易。帕特南在《让民主运转起来》一书中提到，"亲属关系在解决集体行动困境中有特殊的作用，甚至可以与横向的公民参与相媲美"。守望相助的大家庭关系，增加了大家庭每个成员的安全感，同时培养了大家庭成员之间的信任，而这种信任结成的网络又生成一种社会权力，提高了他们与其他成员进行信息、资源交换的能力。

中国人很难搭建这种低功利的社群互助网络。很重要的一个原因是，中国家庭原子化导致了社会原子化，在家庭之外的社会关系是一种以利益为核心的重组，也是功利主义发展的产物。以此建立的社会关系是一种脆弱联系，缺乏信任感，也不稳定，很容易造成整个社会对陌生人缺乏人情味。另外，伴随着市场经济带来的社会转型，民众应对风险时，更多依赖政府或合同，自治能力比较弱。孩子从小没有参与社群互助网络的机会，也就无法训练通过互助网络培养信任和提升执行互惠规范的能力。

中印在传统大家庭观上本没有太大差别，但现代化进程中两者产生了明显的差别。印度还依然延续着大家庭观,甚至通过《宪法》将身份法合法化来强化大家庭观。但中国则不同,在 1949 年之后,尤其是改革开放后,家庭和社会越来越原子化,这深深影响着父母子女关系,以及家庭外社会网络的搭建。

这也印证了印度精英管理能力研究中强调的一个要素,即大家庭生活的重要性。在中国传统文化中,我们也强调"修身、齐家、治国、平天下",根据曾仕强教授的解读,这里的"齐家"中的"家"不是普通小家庭,而是指大家族。这肯定了在大家庭中生活和解决问题的历练对提升管理能力的积极影响,也在某种程度上印证了印度裔 CEO 所提到的大家族生活对练就他们管理能力的重要性。

22

是什么在凝聚印度

　　金大校园里有一面巨大的国旗，旗杆高 67 米，旗子大约有 40 平方米。每次升国旗，得七八个保安才能升起。有次遇到大风，旗子竟然把一个保安带着飞了起来，有人将视频分享到脸书上，在大学校园引起了热议。大家可能奇怪，为什么金大要坚持升这样一面大大的国旗。要说这面巨大国旗的来历，还要从对印度国家凝聚的困惑以及国旗、国歌这些符号的象征意义说起。

　　印度国家凝聚的困惑，是一个自其独立以来就被反复讨论的话题。在印度历史上，比较统一的时期主要在孔雀王朝、莫卧儿王朝和英属印度统治时期。统一的时期，以外来统治为主。最近的就是英国统治。英殖民者帮助印度将独立的小邦国进行了统合。在独立时，印度希望把英联邦治下的省份和那些曾经愿意效忠英属印度的小王国都纳入到独立后的印度版图之中。独立运动期间产生的相对共识，虽然让国大党、穆斯林联盟等对建立统一国家有了兴趣和信心，但让一个信仰多元、社群冲突常有且多半时间分散自治的不同地域、宗教和文化背景的人群纳入到一个统一的现代国家中并非易事。伊斯兰教和印度教之间的相互不信任，导致了《蒙巴顿方案》的产生，从此，印巴分治。

为了凝聚剩下的英联邦治下的小邦国和多元化群体，领导建国的印度国大党选择了自由民主模式，包括全民直接选举、司法审查等，以使纳入统一国家的小邦国和不同信仰的群体有安全感。最大胆的实验莫过于，在文盲率达到88%、贫困人口占绝大多数的社会背景下，推行全民直接选举，这被称为"有史以来最大胆的民主实验"。根据美国著名的印度宪法学家格兰维尔·奥斯汀（Granville Austin）对印度制宪史的研究，当年的制宪者们相信，直接选举，给公民投票权，是改变积贫积弱、帮助印度实现社会革命的最好方式。在第71个独立日前夕，《印度快报》以"投票的困境"发文评估印度的选举式民主制，认为选举式民主制是印度作为一个国家生存下来的关键因素，但是，它也限制了印度作为一个国家的公共服务能力。与巴基斯坦比，印度经济发展和社会发展的很多指标是有优势的，但与中国等东亚国家相比，印度的经济和社会发展则要缓慢很多。

当然，印巴分治也让制宪者们意识到，松散的联邦制会让印度随时面临分裂的危险，所以，《印度宪法》采用了更加倾向中央权力的准联邦制，最典型的是将剩余立法权划给联邦政府，而非像美国那样给州政府。《印度宪法》起草主笔安倍德卡尔博士在解释为什么用紧密型联邦（Union）而不是松散型联邦（Federation）时说，"印度的联邦不是各邦和附属小邦国基于协议建立的，而是基于宪法成为印度的组成部分，宪法是他们最高的法律，这是不可退出的，地域的划分只是出于管理的便利"。

但是，宪法对分裂的限制并不能必然转化为这个国家的内部凝聚力。而尊重多元的民主制和强调中央权力的准联邦制只是把印度的不同社群、地域聚合到了一个政治框架内，但印度似乎还需要一种更强大的凝聚力量来促进发展。到底什么可以凝聚印度呢？有人开玩笑说，只有板球；还有一种回答是，巴基斯坦。

当然，这都是玩笑。在独立后的很长一段时间，印度都由国大党领导，其倡导世俗化和计划经济模式，在大国之间寻求游刃有余的平衡。这一时期，民间意义上的民族主义意识并不强，从而导致公民的国家身份认同感比较低。印度人更多的是强调对自己本地文化的认同感，如西孟加拉人或泰米尔人身份，而很少强调印度人的身份。1991年经济自由化之后，印度的政治和经济形态更加开放和自由，民间自发的民族主义开始生长，国旗、国歌等具有象征意义的标志就变成了强化国家身份认同的重要载体。

国旗作为一个国家的象征，体现着一个国家的历史传统，也是一个国家公民身份的认同标志。尤其是那些遭遇过殖民历史的国家和地域，对国旗的感情更加特别。印度国旗选择的是横向三色旗，包括藏红花色、白色和绿色，中间海军蓝色的轮状物体，是阿育王的转法轮。国旗的选择，体现了尼赫鲁、甘地等国大党领导者建立世俗的、多信仰共存国家的愿望，这三种颜色也是国大党党旗的颜色。很多人从宗教主义的视角解读印度国旗，认为藏红花色代表印度教，绿色代表穆斯林，白色代表其他的宗教和文化。甘地不排斥这种解读方式，但更强调多民族、多宗教共存的意义，"我们的国旗必须让印度穆斯林、天主教犹太人、波斯人及其他将印度作为国家的人感觉到，印度是他们的家，国旗是他们值得为之生死的象征"。但尼赫鲁反对将国旗进行宗教化和社群化解读，他在对制宪会议的演讲中强调，"一些人误解了国旗的意义，用社群的视角去解读，寻求哪种颜色代表自己的社群，但我想说，国旗在设计时，没有引入社群概念"。尼赫鲁的世俗化解读，一定程度上帮助他获得了制宪会议的多数支持，让国旗的设计得以最终通过。另外，拉达卡克里希纳（S. Radhakrishnan）代表制宪会议就印度国旗颜色做了更具体的世俗化解读，他认为白色象征和平，绿色象征进步，藏红花色象征重获新生，转法轮象征和平的、生生不息的变化，受到了广泛欢迎。

在印度的计划经济时代，国旗只限于公共部门使用，私人只被允许在独立日和共和日时才可悬挂。1994 年，年轻的企业家纳文·金德尔到美国读 MBA，看到美国的国旗可以插遍大街小巷，回国后便在自己位于拉嘎尔赫（Raigarh）的私营钢铁企业内升起了印度国旗。不料，其所在的比拉斯普尔（Bilaspur）区当局认为这违反了《印度国旗准则》（1952）、《防止国家标志和名称不正当使用》（1971）和《预防损害国家荣誉法》(1971) 的规定，要求他立刻撤下国旗。于是，他发起了一个知名的公益诉讼，认为公民拥有国家象征是宪法赋予的基本权利，一些知名律师包括索利·索拉布吉（Soli Sorabjee，印度前检察总长）和阿伦·杰特利（Arun Jaitley，印度前财政部长）等人代理了此案。

2002 年 1 月，纳文拿到了胜诉判决。在判决出来前几天，印度政府修改了《印度国旗准则》。在独立 54 年后，印度终于允许公民可自由升降国旗。2009 年，纳文在他捐助设立的金德尔全球大学内立起了当时印度最高的旗杆，飘扬着印度最大的国旗。据说前两年，纳文又在其家乡立起了比这个还高的旗杆。

有人认为，纳文发起的国旗诉讼，为印度人民党推动以国旗为载体的迎合中产阶级的爱国主义运动提供了很好的契机，而国大党却固守传统思维，错过了这样一个机遇。为了利用国旗推动国家身份认同，1998 年人民党获得选举后，开始以国家名义资助有关国旗的电影，并在一些很抢眼球的事件中，如 1998 年的核试验成功后的波卡兰（Pkhran）实验场地和 1999 年印巴之间的卡吉尔战场（Kargil War）升起国旗，引起媒体广泛关注，提升了印度人的爱国之情和国家认同感。

除了国旗外，国歌也成了印度强化国家认同感的载体。在印度电影院看过电影的都知道，印度放电影前，要播放国歌，大家要起立。印度关于国歌与公民义务的立法也有强化趋势。70 年代初，将故意阻止别人唱国歌认定为违法甚至是犯罪。如1971年《防止损害国家荣誉法》在第3条规定，故意阻止他人唱国歌，或者在别人集会唱国歌时捣乱的，最高可判三年以下有期徒刑。但这个时期并不强调公民必须在放映前后唱国歌。1976年宪法第42修正案（英吉拉·甘地宣布国家紧急状态期间）在《印度宪法》51A中专门增加了一项公民基本义务，"拥护和保护国家主权、团结和领土完整"，进一步强化国家身份认同。

但正如讨论国旗时所言，印度人对国家身份认同的觉醒是在1990年代的改革开放后。除了国旗宪法诉讼，一些爱国者还在90年代发起了有关国歌的宪法诉讼，推动最高法院为公民的国歌义务制定新的规则。曹科仕（Shyam Narayan Chouksey）是中央水务公司（Central Warehousing Corporation）的一名总工程师。2001年，他在看电影《有时快乐有时悲伤》（Kabhi Khushi Kabhie Gham），当看到电影中播放国歌的内容时站了起来。当时没有人加入他的行列，而且大家还嫌他妨碍别人看电影。于是老爷子就开始了一系列有关国歌与爱国主义主题的公益诉讼，包括让对国歌不够尊重的影片下架。

最近的一次是2016年发起的曹科仕诉印度（Shyam Narayan Chouski vs. Union of India）案。2016年11月30日，印度最高法院在裁决中基本满足了他的请求，即所有影院在电影播放之前必须播放国歌。国歌播放之时，所有观众需要起身表示对国歌的尊重，并将这作为公民履行《印度宪法》51A所规定的爱国主义基本义务的一部分。此后，在电影

《摔跤吧，爸爸》中就有播放国歌的内容，曾经有观众因为没有起立而被其他观众暴打一顿。为此，又有公益诉讼起诉到印度最高法院，最高法院于 2017 年 2 月做出了澄清性解释，如果国歌播放是作为上映电影本身的组成部分，观众则没有必要起立。

依托国旗、国歌开展的运动，提升了印度公民的国家身份意识。但也有印度学者认为，这一爱国主义运动被印度教右翼所利用，印度人民党故意将爱国主义混淆为印度教民族主义，或者试图通过印度教民族主义来凝聚国家，应该值得警惕。

从印度的爱国主义阶段变化来看，印度的国家凝聚力或国家身份认同需求是在经济自由化之后，而不是计划经济时代。印度政府只是对自下而上的公民运动做了比较好的回应，从而让自下而上的爱国主义通过政策内化成为生活的一部分。每年在独立日和共和日，金大都会自发举办大型庆祝活动，连食堂的饭菜包括鸡蛋都设计成印度国旗的颜色。这是一所私立大学，没有政策规定大学在独立日必须举办庆祝活动，但正因为是自发，才如此用心。我观察到，很多印度公民都会在家里悬挂国旗或者在车里摆放国旗，甚至买衣服和莎莉（印度女性的一种传统服装）都是选印度国旗的三色搭配。每次播放国歌，即使一个普通农民都会很自然地挺直身体，表情严肃，可见这种爱国主义已经成为普通印度人的行为习惯。

对于印度，丘吉尔曾预言，这个靠宪法凝合的国家很快散架。但从政治建国到民族凝聚，印度不但没有散架，而且在爱国主义建设上已经走了很远的一段距离，印度人应该为此感到欣慰。

23

牛为什么写进了宪法

老妈来到印度后，喝牛奶多起来。她说，很奇怪，在美国和印度喝牛奶不闹肚子，在国内，几乎喝啥牌子的都闹肚子。中国自媒体中，嘲讽印度的段子，除了火车开挂，另外比较多的是牛尿、牛粪情结。我在印度生活一段时间后，发现牛的确在印度人的生活中扮演着很重要的角色，丰富而高质量的奶制品就是其中的一个侧面。

印度教中，牛被认为是神圣和自然恩赐的代表，其与印度教中的很多神相关联，如湿婆神的坐骑就是一头公牛；少年克里希纳神被认为是一个放牛的牧童，而且据说他非常喜欢吃黄油。印度圣牛女神苏罗毗更被认为是所有奶牛的母亲，也被称为"财富之牛"和"如意之牛"。虽没有专门供奉她的庙，但印度教徒将现实中对牛的尊敬作为对其供奉的践行。印度教经典《摩诃婆罗多》已经开始有禁杀奶牛的文字记载。牛奶在印度的宗教文化中也有很重要的地位。印度教徒认为牛奶有纯化作用，于是在很多宗教仪式中使用牛奶，比如他们点酥油来进行宗教仪式，还用牛奶给印度教的神沐浴。印度教徒在供奉神时，用的是牛奶或酥油做的甜点，可以说奶制品贯穿一个人从出生到死亡的各种宗教仪式。

既然牛具有如此重要的地位，《印度宪法》在制定中又是如何回应"护牛"这一颇具争议的问题呢？

处理宗教与宪法中的世俗化原则是印度社会始终面临的难题。印度独立后，在制宪过程中，甘地等人试图从印度教的角度将牛的保护纳入《印度宪法》，而尼赫鲁和安倍德卡尔等人则主张建立世俗国家。牛的保护是印度立宪中平衡宗教与世俗的多项妥协之一。制宪会议中，印度教徒代表从文化和经济两个层面，阐述为什么要将牛的保护列入宪法基本权利部分。文化上，这是当时三亿印度教徒的情感所在；而经济上，对一个以农业为主的国家，牛是最重要的生产资料之一。制宪委员会进行了激烈的争论，反对者从法理、文化和宗教角度阐述理由。法理上，基本权利是基于人设定的，牛的保护不能纳入基本权利；文化上，印度教文化有违背人类基本权利的部分，如种姓歧视，因此，宪法应该是世俗的，不应该把印度教的内容列入；宗教上，制宪会议中的穆斯林代表就禁止杀牛表达了关切，因为这违反了他们吃牛肉的自由。

最终，《印度宪法》第 48 条规定："国家致力于按照现代科学方法组织农牧业生产，专门采取措施保护和改进品种培育，并禁止屠宰母牛、牛犊以及其他产奶的牛。"这是一种妥协，并且更倾向于世俗化解释。为什么说这是更倾向于世俗化的一种安排呢？其一，牛的保护并未出现在宪法第三章"基本权利"部分，而是出现在第四章"国家政策的指导原则部分"，是国家为促进经济社会发展而应遵循的指导原则，这意味着，对牛的保护不可以通过法院来强制执行，降低了其保护力度。其二，从语言上，第48条明确从生产资料角度护牛，刻意回避宗教理由，里面提到被保护的生产资料不只有牛，也包括其他类似牲畜。

但《印度宪法》通过后，印度教主导的邦还是通过了禁止杀牛的规定。如旁遮普邦1955年就通过了禁止杀牛的规定，此后又有二十多个邦陆续通过了类似立法。不过非印地语带的大多数邦，如喀拉拉邦、西孟加拉邦、果阿、泰米尔纳德邦和印度东北部的大多数邦都允许杀牛。2005年，印度最高法院认为各邦通过的禁止杀牛规定并不违宪。

印度人民党执政后，反世俗化的禁杀牛立法又得以复活甚至强化。如我们所居住生活的哈里亚纳邦已于2015年通过立法，严禁杀牛和吃牛肉，违反者将判最高十年的监禁。联邦政府在2017年通过了《禁止对动物的虐待行为（牲畜市场规制）规则》，要求全印境内禁止杀牛，这引起了喀拉拉邦、泰米尔纳德邦、西孟加拉邦和印度东北部各邦的抗议。诉讼最终又打到了印度最高法院。最高法院只就牛肉跨境走私行为指令联邦政府与各邦政府商讨应对，并没有宣布联邦政府禁杀牛规则合宪。

很多人担心，禁杀牛立法将成为撕裂穆斯林和印度教徒的一个巨大隐患。在《印度快报》2015年11月13日以

《慕可吉总统同意哈邦通过禁食牛肉和禁杀牛的立法》为题的报道后，很多留言者对哈邦的这一立法表示了仰慕，认为该法保护了他们的"神"，也有留言者表示不满，质疑谁来保护其"吃牛肉的权利"。2015 年 9 月，北方邦一位叫穆哈默德的穆斯林男子因被怀疑杀牛和吃牛肉而被村民暴力打死。此后，又有多起针对穆斯林的暴民私刑行为发生。不仅如此，印度禁杀牛的立法对外国人的执行也非常严格。2019 年 2 月 2 日，三名中国人和他们的司机在马哈拉施特拉邦因为携带 10 公斤牛肉被捕。相较于羊肉、鸡肉和猪肉，牛肉在北印度的很多邦是最难买到的。在德里，只有极个别的饭店提供牛排，而且明确标明是水牛肉。在喀拉拉邦、果阿邦等信仰天主教的邦，牛肉提供则相对正常些。另外，西孟加拉邦、泰米尔纳德邦和印度东北部的一些邦对牛肉也不抵触。

宗教和立法塑造着人们的行为和思维习惯，从而让牛奶制品深入到印度饮食生活中。护牛从宗教信仰变成了重要民生话题。正如我们在《印度的素食》一文中所提到的，因为宗教原因，印度有近四亿素食主义者，所有这些素食者有一个共识，牛奶是素食，而且是他们身体所需要能量的主要来源。这让印度成为世界上牛奶生产和消费第一大国。2020 年印度牛奶生产量为 1.98 亿吨，而在 2019 年则是 1.87 亿吨。根据印度政府制定的计划，到 2024 年，印度的牛奶产量将达到 3 亿吨。而中国 2020 年的牛奶产量只有 3440 万吨，美国 2020 年的牛奶产量也只有 1.01 亿吨。只以喝牛奶为例，根据 Statista 的数据显示，印度 2020 年液体牛奶消耗量达到8100 万吨，排在第二的是欧洲，3340 万吨，然后是美国2120 万吨，第四是中国，只有 1200 万吨。从联合国粮农组织所提供的数据看，印度人均鲜牛奶年消耗量在 1997 年就达到 52.1 公斤，高于世界平均水平的 47.7 公斤；而到 2017年，印度鲜牛奶的人均年消耗量已经高达 84.4 公斤，远高于世界平均的人均鲜奶消耗量的 55 公斤。联合国粮农组织预测，到 2027 年，印度的鲜牛奶人均年消耗量将达到 116.2公斤，远高于所预测的世界平均水平的 62.3 公斤。这显示出，印度奶制品消费不但已高于世界平均水平，而且正在拉大差距，牛奶已成为印度人生活中的必需品。

大家从《摔跤吧，爸爸》中也能看到，哈里亚纳邦是一个体育之邦，且以摔跤闻名。虽然《摔跤吧，爸爸》中放弃素食，最终给摔跤的女儿加了鸡肉，但很多摔跤家庭并没有打破自己的素食禁忌，而是从牛奶中获得能量。本书前面提到的司机拉文德家，他一家五口（父母、夫妻俩加一个孩子）一天可以喝掉六到八斤牛奶，月收入的七分之一会花在牛奶上，就足以说明牛奶在印度人生活中的重要性甚至是必要性。

如果你在印度生活过一段时间就会发现，牛奶和牛奶制品在印度生活中真的不可或缺。我记得有几个同事跟我讲他们小时候贫穷的故事，都会说兄妹几个分一点牛奶，而父母不舍得喝。如果看过电影《雄狮》的人也会知道，当时哥哥带着弟弟靠爬火车弄煤块卖的一点钱，第一时间去买两袋鲜奶回家给母亲，由母亲分给三兄妹喝。在日常生活中，以我们学校的食堂为例，印度早餐的奶茶中会有大量牛奶，并提供黄油和面包片；中午做的饭中必然有奶豆腐、蔬菜酸奶等，而且还有一种可以喝的稀释的酸奶；下午茶也加奶；晚餐中的很多菜中也会加酸奶或牛奶作为辅助食材。另外，午餐和晚餐中还会提供甜品，很难有不含奶的。

我在美国和欧洲一些国家也生活过。相比较而言，我感觉印度奶制品的质量还是非常高的，价格也相对便宜。一包500毫升的金牌Amul鲜牛奶，只需要2.8元到3元人民币。这些奶煮一下，滴一点柠檬汁就会变成奶豆腐，品质很好。一盒200克原味固体酸奶只需要2元人民币。400毫升可流动的原味酸奶也只有2.7元人民币。因为奶质好，用它做的冰激凌味道也非常好，而且很便宜。一升盒装Amul冰激凌只需要20元人民币左右。这意味着，在印度，几乎可以用十分之一的价格来享受到近似哈根达斯品质的冰激凌。

很多人嘲笑印度对牛的崇拜，但在这里生活一段时间后我就明白，这里对牛的保护，不仅仅是因为宗教信仰，也是个重要的民生问题。所以，护牛写进宪法，就不足为奇了。

24

大法官选任之争

跟印度人聊公共问题，你会发现一个很有意思的现象。当谈到政策进展时，他们不自觉地会转向最高法院的最新判决。在跟法学院的印度同事聊天时，也经常听到他们说最高院某某法官的观点。因为对这些名字不熟悉，我听得云里雾里的。待了一段时间后我才知道，任何社会规则解决不了的事，最终都会诉诸最高法院。

这让我对印度最高法院产生了兴趣，2015 年前后的大法官选任之争，充斥在法学院各个讨论空间，让我有更多机会来观察和了解印度的最高法院。

印度最高法院被认为是世界上最独立的法院之一，拥有很高的民众认可度和强大的宪法权力。虽然印度是联邦制，但却只有一套司法系统，《印度宪法》第 32 条授权印度最高法院就基本权利保护行使司法审查权。此后，印度最高法院通过一系列判决确立了两项重要制度，使其拥有了更加独立的地位和更加实质的权力。一是最高法院和高等法院大法官的"同事任命制度"，与多数国家不同，印度最高法院和高等法院的大法官是由职业共同体中的大法官来提名和作出实质决定，不像美国那样由行政权和立法权来决定。另一个体现印度最高法院实际权力的是，其可以宣布宪法修正案违宪。印度最高法院通过一系列案例发展出了"宪法修改基本框架准则"（basic structure doctrine）来约束印度议会对宪法的修改权，也确立了最高法院对宪法的最终解释权。"同事任命制度"与对宪法修正案的违宪审查权是相辅相成的，也是本文所讨论的大法官选任之争的核心。

《印度宪法》第 124 条规定了大法官人数的上限及任命程序。该条第 1 款规定了印度最高法院的大法官人数，最初确定不超过 30 位。1956 年时，只有 9 名大法官，此后一路增加，于 2008 年达到了大法官数量的上限。2019 年 8 月，印度议会再次修宪，将大法官的总名额增加到 34 个。第 124 条第 2 款进一步规定了任命程序，即总统应咨商最高法院大法官和高等法院的法官后任命。但印度最高法院通过一系列判决将这一宪法规定发展成为"同事任命制度"，基本上排除了行政权和司法权对法官任命的影响。

"同事任命制度"是指由印度最高法院和高等法院最资深的五名法官组成的任命小组来决定印度最高法院及高等法院的法官任命。最高法院及高等法院的首席大法官（类似于院长）必须是任命小组成员。"同事任命制度"不是基于宪法的直接规定，而是印度最高法院通过三个法官任命案例的司法解释发展而来的。这三个案例分别是：1981 年 12 月 30 日的顾卜塔（S. P. Gupta）案，1993 年 10 月 6 日最高法院出庭律师协会诉印联邦（Supreme Court Advocates on Record Association v. Union of India）案及 1998 年 10 月 8 日的特别咨商（Special Reference Case）案。

虽然印度最高法院在政府与民众之间发挥了很好的"缓冲"作用，在保护公民基本权利和回应社会需求方面非常活跃，具有很好的民众基础，但是，司法拖延也是印度司法的一大难题，导致印度在世界法治指数排名中，其刑事司法指数和民事司法指数都偏低。印度司法拖延的案件量令人瞠目，到 2021 年，拖延十年以上的竟有 332.5 万件。据说，印度法院所有法官不眠不休地工作，也需要 130 年才可以消化完积存的案件。我有一个学生，她说她父母结婚时与酒店产生一起普通违约纠纷，她上大学四年级时，她家才刚拿到判决。

因此，最高法院改革也一直是民间讨论的焦点。2014 年 8 月 13—14 日，印度的上院（联邦院）和下院（人民院）一致通过了第 99 次宪法修正案，即国家法官任命委员会法案（National Judicial Appointment Act），印度 20 个邦（达到三分之二，符合宪法要求）的立法机构核准了此次修宪；同年 12 月 31 日，印度总统签署了同意意见，该法于 2015 年 4 月 13 日生效。宪法修正案将印度最高法院行使了二十多年的"同事任命制度"改为"国家法官任命委员会任命制度"（以下简称"委员会任命制度"）。

新确立的委员会任命制度，是立法机关对《宪法》第 124 条的另一种解读，并通过宪法修正案的形式，将其写入宪法。"委员会任命制度"强有力地引入了行政机关的参与，具体由六名成员组成，包括印度最高法首席大法官、两个仅次于首席大法官的最高法院资深大法官、印度联邦政府法律部长，以及两位知名人士。若六人中有两人反对，则该任命不能成立。两位知名人士则由最高法院首席大法官、总理和人民院反对党领导人共同任命。但是，该制度没有明确任命程序，也没有明确知名人士的选任标准。

这一修宪引发了印度朝野上下的大讨论。支持委员会任命制度的人认为，知名人士的引入让民间社会在法官任命中有直接发言权，这样有助于强化法官问责制，并在法官任命中让人民的意志起作用。反对修改的人认为，现有的"委员会任命制度"没有明确任命程序，知名人士的选择标准不够清晰，且没有明确救济渠道，会让行政权严重介入司法权，导致司法不独立。当然也有中间派，建议将现有的方案进行优化，比如，严格界定"知名人士"的范围，给法官排他性否决权，明确选任的具体程序和规定，同时也严格界定司法解释不踏越立法权的界限等。

宪法修正案生效后，最高法院出庭律师协会提起了宪法诉讼，认为该宪法修正案违宪。根据《印度宪法》第145条第3款的规定，印度最高法院可以组建至少由五名法官组成的宪法法庭，来裁决任何有关宪法方面的争论。2015年10月16日，印度最高法院五名法官以4∶1的投票宣布第99次修宪违宪，也就是"委员会任命制度"的修宪无效。

最高法院的判决书很长，有1030页，大法官凯哈

（Khehar）写主判决，大法官马丹·罗库尔（Madan Lokur）写了300多页的支持性意见，两者构成了判决书的主要部分；大法官库里安·约瑟夫（Kurian Joseph）和大法官阿达什讷·高厄尔（Adarsh Goel）分别写了支持性判决意见；而大法官车雷马斯瓦（Chelemaswar）则出具了反对意见。主判决意见认为，此次修宪之所以违宪，是因为行政权不适当地介入了司法权，容易导致司法独立形同虚设。主判决认为，印度宪法的框架是司法权至上，限制行政权介入法官任命是这一宪法框架的基本要求。判决作出后，印度政府首席律师认为，此判决违背了由议会所代表的人民意志。但主判决认为，人民的意志在《宪法》里，议会只是代表特定时期的大多数人的意志。判决书中的反对意见认为，现有的"同事任命制度"问题很多，不透明，论资排辈，导致印度司法制度出现了很多问题，如大量积案的存在，因此需要一次大的改革，"委员会任命制度"为改革提供了重要契机。

经过了漫长的立法辩论和公民讨论后，印度最高法院以判决的形式，否定了议会通过的宪法修正案，将高等法院和最高法院法官的任命留给法官本身，也"同事任命制度"。有媒体报道，这是印度最高法院35年来首次宣布修宪无效。在司法独立与人民主权的艰难平衡中，印度最高法院选择更加珍视司法独立。此后，印度最高法院和就职于八个高等法院的法官任命将依然采用"同事任命制度"。

这一次最高法院的否定之否定，所引起的争论一点也不比确立委员会任命制度的宪法修正案讨论少。对此判决，联邦政府也表示吃惊，质疑最高法院怎么可以将上下两院一致通过且经过多数邦支持的宪法修正案宣布违宪。有分析人士批评最高法院逃避公民社会的监督，因为他们认为知名人士是公民社会的代表。也有人认为，现有的任命委员会的组成方案有问题，比如将法律部长包括在内，混淆了行政权和司法权相互制衡的边界；另外，否决权没有给法官，这让行政权有机会否定法官任命等。对最高法院的判决，立法机关则表示，不再继续支持政府推动此事，表达了对政府的不信任。学界也是分裂状态，以我所在的金德尔全球法学院为例，支持者和反对者一有机会就大战一番。2016 年 2 月，在金德尔全球大学印中研究中心召开的中印司法改革座谈会上，几名观点相反的印度同事又一次进行了激辩，由此可见此判决引起的争议之大。

印度这次法官任命修宪大讨论，重复的还是一个老问题，在三权分立框架下，司法独立的边界在哪里？这在美国也被长期讨论，如布朗诉教育局（Brown v. Board of Education）案、布什诉戈尔（Bush v. Gore）案以及罗斯福新政时期最高法院的一些判例。司法权可在多大范围内造法或者改变民选立法机关的立法？司法权行使这一权力的政治根基在哪里，社会效果如何？最近几年面临党争渗透司法的问题，美国学者也在热议如何重新界定司法权的边界。在这次印度法官任命修宪中，排除背后动机不论，这次政府的修宪工作可以说做到了程序上的完美：推动上下两院一致通过，争取到了 26 个党派的支持，20 个邦的核准以及总统的签署。这给印度最高法院造成了很大压力，宣布宪法修正案违宪几乎意味着冒天下之大不韪。也有人建议印度最高法院，可以试验一下新方案，不行再改回去。但思前想后，印度最高法院还是决定坚持"同事任命制度"。对于实验性改革建议，印度最高法院认为，这一实验可能使其永远失去否定该方案的机会，因为政府会借此机会塞进只听政府话或只听某个总理话的人进入最高法院。当然，印度最高法院也表示，愿意就"同事任命制度"改革听取社会各界的建议。

如何理解这一判决的合理性，还要从这个国家的本土语境中寻找答案。印度最高法院在裁决中认为，现有的"同事任命制度"不是完美无缺的，但是，"委员会任命制度"比这个还要糟糕。我所在法学院研究宪法的一些同事也支持这一观点。每次印度最高法院法官的不正常任免，都是在这些法官做出对政府不利的裁决后，遭到了政府的报复。他们认为，现任总理尚有刑事指控在身，更让人质疑其推动法官任命制度改革的动机。因此，将这一权力留给司法机关自身至关重要。就政府提出的法官违背人民意志的说法，印度同事认为，法官虽然不是民选，但是，行政机关和立法机关也不是由大多数民众选出的，他们可能只是得到了少数比例的选票，经常要联合执政才凑够了多数，即便得到了人民院多数议席的党派也不过得到了三分之一选民的选票而已。

在这个国家，我能感觉到，民众包括精英阶层对行政机关和立法机关的高度不信任。印度资深记者拉维（N. Ravi）先生从对媒体的监测上也确认了这一点。他在 2000 年 5 月 9

日的《印度教徒报》上以"司法权仍然是最受信任的权力"为题指出，"因为行政权和立法权的低能，印度人民仍将诉诸法院当作自己唯一的希望"。我本人也在课堂上经常做一些小调研，问在立法、行政和司法三机关之间他们最信任谁，几乎所有学生都回答更相信司法机关。从这个角度讲，这次印度最高法院"冒天下之大不韪"的判决，也不算是太违背民意吧。

25

印度到底是不是个法治国家

印度到底是不是个法治国家？可能大家会很好奇。作为一个法律人，我也非常想探寻这个问题的答案。但随着研究的深入，我发现这个问题如同其他印度问题那样，不能简单用"是"或"否"来回答。

首先，就"法治"本身如何界定，也是众说纷纭，有基础版（thin version），如法需要公开、提前宣布，有普遍适应性，不能提出做不到的要求等；而加强版（thick version）则是在内容上增加了价值理念，不仅符合基本的程序特点，还应该经过民选机构制定，内容上尊重和保障人权，有独立的司法机构予以裁决等。联合国还就法治区分为"法治作为法的基本原则"和"法治作为治理的基本原则"。2004年联合国秘书长关于法治的报告是这样界定"法治作为治理的基本原则"的："所有人、机构和实体，无论属于公营还是私营部门，包括国家本身，都要对法律负责，而这一法律必须是公开发布、平等实施和独立裁判的，而且要与国际人权规范和标准保持一致。"这里面既包括了基础版的要求，也包括了加强版的要求。

总之，法治本身的定义就有很多版本。所以，这个问题更适合变更为，印度的"法治"有何特点？在这里，我不讲理论，仅从生活中的一些观察来分析印度法治的多面性。公民个体和大公司在应对这些多面性法治时，有的会从"法"的原则出发，有的会从"治理"的原则出发。

我们先从执法层面谈起。印度的执法有很多让人无奈的地方，也有让人感觉可爱的地方。以交通执法为例，在印度大多数地方仍主要依靠警察而不是摄像头或其他技术手段，这让人情执法和关系执法普遍存在。我遇到过几次，司机被警察拦下后，赶紧打电话找关系，再让上面的人跟警察沟通放行。据说安装电话、买火车票、办护照等都需要找关系，否则，就需要等很久。校长讲了一个他家安装固定电话的例子，他足足等了十年才装上。安装成功那天，他们邀请亲戚朋友举行了盛大的庆祝活动。

随着电子化和互联网的推行，在印度，权力滥用的空间已被大大压缩，很多事情不用关系也可以正常办理。一般程序是，先网上预约，然后再去现场办理。办事人员"吃拿卡要"的机会少了很多。即便交通执法，一些城市也已经走在了前面，比如昌迪加尔特区就已经在科技基础上建立了比较科学的管理制度。当大多数城市包括德里还是靠警察现场罚款来处理交通违规时，昌迪加尔已经进行了罚缴分离，而且对闯红灯等违法者，摄像头拍下后，首次不罚款，但会要求交通违法者到交通局委托的第三方组织那里免费学习交规并考试，通过者才能回家。这使得昌迪加尔的交通秩序保持得很好，执法比较文明和现代化。

作为外国人，执法电子化带来的直接好处是签证延期申请更为便利了。以前申请签证延期，本人要到外国人注册地区办公室等候办理。不仅如此，单位的人力资源部也要派一个人陪同过去。一次办成的机会几乎不存在，需要跑几次，而且每次都得待半天到一天，以至于很多大学都给外国学生放几天假去申请签证延期。但其实，这个过程并不复杂，就是把信息登录到网上，他们验证一下材料即可。但在实际工作中，啥插曲都会有，要么电脑出问题，要么网络出问题。登录信息的人拖拖拉拉，一会儿喝茶，一会儿吃午饭，上午10点多甚至11点才到办公室，下午4点又要下班，中间还要喝两次茶和吃一次午饭。偶尔再告诉你，哪个材料还不合格，这其中有暗示型的，不过像金大这样的大单位一般不理会这些。所有材料好不容易登录完、审查完后，还要排队去见警察局长，警察局长要见到本人才可签字。为约上警察局长，有时也需要跑好几趟。每次签证延期，都要消耗两三个人几天的时间，实在没效率。莫迪在简化行政程序方面还是有很多可圈可点之处，包括签证延期申请的线上办理。2019年，印度外国人签证延期申请改为在线办理，直接由在德里的办公室统一审批，除了前半年没太理顺外，后面简便得让人不敢想象。人力资源办公室的同事将你的信息上传，然后系统通知你缴费，缴费完成后，一两天就出延期的签证。一趟都不用跑，让你感觉很不"印度"。

印度执法的可爱之处在于可谈判，这很有意思。这好像也是整个印度的可爱之处，没有什么是绝对可以或不可以，腾挪空间很大，就看你有没有能力找到这些空间，以及如何利用它们。疫情期间，由小平民党执政的德里，为了让民众重视戴口罩，制定了一个政策，不戴口罩者，每次抓住罚2000卢比。先不说这个惩罚的适当性，就说执法也非常困难。因为不戴口罩的人毕竟很多，疫情期间警察本来执法任务就重，再执行戴口罩的政策，警力显然不足。于是，德里政府便雇了一些志愿者，让他们去执法。这些辅警在红绿灯路口看谁不戴口罩，包括车里的，就上去拍照，并要求缴纳罚款。金大的两位校领导去德里开会，他俩在车里等红灯时，一个在接电话，没戴口罩；另一个几乎每时每刻都戴，但那会儿正好摘下来透透气。他俩被逮着之后，不想交钱，一个跟他们解释自己正在接重要电话。对方就问为什么另一位不戴，他们又解释就这一小会儿没戴。因为对方着急完成任务，便说，"你们俩交3500卢比就好了"。但这两人继续态度友好地解释，那边又说，"你们俩交2000，可以了吧？"他们还继续解释，对方一看耽误了太长时间，最后只好让他们走了。两位校领导回来将这段经历当笑话讲，说估计对方看他俩太耽误时间，也没什么执法手段，只好去抓其他更好对付的人了。

还有一次，有个中国学者团来印度访问，他们在金大参加了一天的讨论会，第二天我陪他们去德里访问智库。访问智库时大学的办公室打来电话，说当地政府的人要见我。我让办公室的同事问他们什么事，因为自己在德里暂时回不去。对方便向我要中国访问团成员的护照信息。我一听不妙，估计政府怀疑他们签证不合规，于是赶紧给校长打电话，说明了情况。校长问我这些客人还要在印度待几天，我说，三天后离印。校长说，那我们现在不能把护照信息给他们，否则，这些教授离境时可能会有麻烦。我着急得不行，校长说，有一个办法可试，那就是大学可要求他们出正式的协助调查函，我们才能配合。这可能有两个结果，一是他们就此不了了之，另一个是他们会出正式函，但以他们的办事效率，等走完程序拿到正式函时，中国教授们已经离境了。我很佩服校长的睿智。果然，这事儿不了了之了。这让我见识了印度执法的另一种腾挪空间。

有时候，执法人员的漫不经心，也不见得是坏事。从2021年开始，中印两国关系开始紧张，印度封了很多中国的App。对其他的，我不太关心，用得少，但微信是我跟国内家人朋友联系的主要途径，很是担心。后来我发现，好像在印度完全封闭也很困难。封得最好的是印度手机号注册的微信，除了通话功能，其他的好像都不行了，而这是靠腾讯主动配合完成的。对于用中国或其他国家手机号注册的微信如何封，只能由印度政府自己想办法。他们先是停了电脑版的登录，又停了公众号浏览。但是，我发现不用大学的WiFi，而换手机移动数据登录，有时也还可以。后来在微信群里了解到，不同电信公司移动数据的登录范围也不太一样。关于公众号的浏览，则经常是一天正常，一天不正常。

印度之所以有这种执法态度，跟殖民时期的官僚传统有关。殖民时期英国人雇了很多印度人做执法者，对于那种明显欺压印度民众的立法，印度官僚们在执法时容易出现心理抵触，经常出现"枪口抬高一厘米"的良心执法。独立后，印度继承了这种传统，区分了官僚和政客，在宪法中对官僚的职业安全做了很高保障，使其不受政客的好恶影响。政客的压力来自选民，但政客却很难将这种压力传递给官僚。其负面影响是印度官僚问责弱。不论是因为问责弱，还是因为"良心执法"，总之，印度执法中表现出不尽责的一面。坏处是影响良法的执行效果；好处是执法中不太较劲，有时会减轻"恶法"的"恶"的程度。

不过上面说的，都还是停留在法治作为"法"的一面，也就是执行层面，属于规则链底端的游戏。而大的跨国公司往往在规则链顶端游走，在"治理"的层面跟政府"做游戏"。

沃达丰补税案就很好地利用了治理中的司法审查权。《印度宪法》确立了议会制政府加司法独立的宪制结构。而且，我在《大法官选任之争》中也介绍过，印度最高法院的独立性在世界上都是非常著名的。这意味着，在印度，政府的决定往往不是最终的，人们还会将诉讼提交到法院，去寻求不一样的答案。在大多数情况下，印度最高法院的判决都将是最终的，但从宪法的角度，议会还可以通过立法来否决最高法院的判决，中间的过程很复杂，所以，企业是有司法空间可用的。这其中最典型的例子是沃达丰与印度政府的股权收购税收案。2007 年沃达丰对和记电讯香港控股进行了间接股权收购，随后印度政府起诉沃达丰要求其缴税。2012 年印度最高法院驳回了孟买高等法院的判决，认为印度政府不能对沃达丰课税。印度政府在同年推动印度议会通过《财政法》（Finance Act 2012），修改了 1961 年的《所得税法》（Income Tax Act），并且规定修改后的法律有可溯及力，可追溯到 1962—1963 年以来的所有海外投资。沃达丰于 2014 年就印度政府 2012 年的法律修改，根据印度-荷兰双边税收协定，提起 BIT 仲裁申请。印度政府也随即采取了各种可能措施搁置仲裁。根据印度媒体报道，印度政府于 2017 年再次向沃达丰课税 2100 亿卢比（约 210 亿人民币），同时向和记征收 3232 亿卢比（约 323.2 亿人民币）的税收。沃达丰于 2017 年再次根据印度-英国双边税收协定提出仲裁，印度政府也随即向德里高院提起诉讼，请求德里高院对沃达丰发出命令，禁止其申请 BIT 仲裁，但德里高院驳回了印度政府的申请。印度政府便上诉到最高法院，最高法院也不予支持，最终，2018 年 5 月，德里高等法院判决沃达丰有权申请 BIT 仲裁。根据印度《经济时报》的报道，2020 年 9 月 25 日，海牙仲裁庭做出有利于沃达丰的裁决。2020 年 12 月 21 日，印度政府在新加坡提出了仲裁，试图推翻海牙的仲裁裁决，纠纷至今没有得到妥善解决。

另一个案例是印度政府想迫使 WhatsApp 放弃端到端加密，但 WhatsApp 很好地利用了印度的治理逻辑，始终没有放弃。具体是这样的：印度政府很想改变 WhatsApp 端对端加密服务，试图监控 WhatsApp 的客户信息。WhatsApp 公司跟印度政府进行了多轮谈判，仍坚守底线。2018 年 7 月 3 日，印度政府以 WhatsApp 平台信息引发暴民私刑为由，给 WhatsApp 公司发出严重警告，希望其采取技术措施防止假消息漫天传播。2018 年 7 月 19 日，WhatsApp 公司做出技术回应，将可转发的群从 250 个降到 5 个，同时取消了快速转发功能。2018 年 7 月 20 日，印度政府再次给 WhatsApp 发出警告，认为 WhatsApp 的技术应对措施不够充分，并警告说，如果再不采取有效措施，将会面临法律追责。印度政府在公告中称，"当始作俑者借助某种媒介肆意传播假消息导致谣言漫天飞时，这个被利用的媒介不可能没有责任。如果媒介只当旁观者，他们将被认定为共犯，同样面临法律制裁"。此后，WhatsApp 宣布，为配合政府的要求，会立即成立印度本地团队做网上虚假消息监控，还增加印度负责人和政策负责人的岗位招聘；并增加一些其他用户功能，如识别转发信息的来源。但印度政府要求 WhatsApp 增加可追溯性和可识别发布者的功能，而这与 WhatsApp 团队关于隐私保护的商业原则相冲突。在这一点上，WhatsApp 公司没有跟印度政府达成一致。印度政府对此表达了不满，认为他们没有采取足够措施。2018 年 12 月 7 日 WhatsApp 公司高层跟印度政府官员会面，主要是围绕端到端加密隐私保护政策的改变，也就是允许政府监控 WhatsApp 的客户信息。WhatsApp 团队做了很多解释，并没有给出清晰答案，但印度政府只想听"是"和"否"。基于此，印度政府于 2018 年 12 月 21 日授权十个部门做网上监控；2018 年 12 月 24 日提议修改《信息技术法》（Information Technology Act），目标是打破 WhatsApp、苹果、安卓系统中的端到端加密技术，以实现允许政府来追踪用户信息分享的目的。但直到今天，WhatsApp 在印度依然提供的是端到端加密服务。

在这样一种有腾挪空间的执法环境下，社会的运转不是按政府的逻辑来，也不是按民间的逻辑来，而往往是在相关方的博弈中生成，因此，民间的底线也很重要。最近几年，反腐败的意识在印度越来越有选票拉动力。如德里最近两届选举中，都是阿文德·克己瑞瓦尔领导的小平民党获胜。最近一次选举发生在 2020 年，小平民党赢得了 70 个议席中的62 席，可算是大胜，莫迪领导的人民党即便在联邦政府层面叱咤风云，但在德里的选举中却不堪一击。阿文德原来就是民间反腐败运动的领导者，2015 年组党参选，获得重大胜利。从我所在大学的运转看，也是有明确反腐原则的。如大学宁肯自己配备电力设备以维持电的正常运转，也不去通过行贿政府来实现。大学所建的地方，据说有一座古塔，根据当地规定，多少米以内，大学的建筑不能高于该塔。若不是当地政府刻意找出来作为行贿噱头，可能都没有人知道还有这么个塔和这样的规定。但大学拒绝了行贿，宁肯多花点钱依法建校舍。大学的校长认为，腐败是违反人权的。

除了守住反腐败的底线，守住法治的基本底线也很重要。首先，大学的合规意识非常强。尽管这个大学的法学院是印度最强的，但还是聘请了法律顾问。其次，对于印度制定的很多规定，即便是倡导性的，大学也会积极遵守，如关于流浪狗的规定、大学不设吸烟区的规定、反性骚扰的规定等。除了执法层面，我们提到的国旗诉讼，则体现出大学的捐赠者在治理层面的努力。

　　印度的法治秩序，就像印度公路上的交通秩序，第一眼看上去很杂乱，好像没有秩序，规则不重要，但是，再细看，里面有秩序可循。参与者在博弈时有一种内在底线，也受外界规则的约束。换言之，印度的法治秩序有很多腾挪空间，普通人在执法上找突破口，而强势群体则在治理层面上找制衡点。简言之，印度的法治在设计标准（立法制定）上达到了同类产品中较高水准，但在使用方式（立法执行）上，却经常超乎你的想象。

26

"车上真的有空调"

在北印度 40 多摄氏度高温的 6 月，校长邀请了一位知名美国学者来大学访问。校长叮嘱他的助理，一定租一辆带空调的车去接这位教授。助理给大学的合作公司负责人打电话，让他安排一辆带空调的车去接客人。租车公司负责人也的确按要求做了。但当校长见到这位客人时，这位西装革履的美国教授还是全身湿透了。校长从他那儿了解到，他根本没有享受到空调服务。校长非常生气，质问助理，助理很明确告诉他，确实要了空调车。校长又给租车公司负责人打电话，对方也明确说，派的是有空调的车。校长非要弄明白，又给出车的司机打电话。司机说，"我的车上真的有空调，只是那天坏了"。似乎租车公司和司机都没有思考，他们到底在为一个什么样的结果服务，但凡有结果责任意识，这位教授也不至于汗流浃背。

我有时想，不对结果负责，应该是印度人不焦虑的原因之一吧，但这让很多外国人感到无所适从。对于国际化程度很高的印度人，面对着无结果责任意识的同事，也是同样的感受。金大校长显然被这派车服务弄得极为尴尬，甚至恼火。

在这样一个只是程序性应付差事的环境下，遇到无结果责任意识的工作人员，现实中进行追责也很难。校长的应对办法只能是下次派车时将指示进一步严谨化，如"请派一辆当天空调能运转的空调车去接某某教授"。在这种普遍缺乏结果责任意识的文化氛围中工作，一个人想做成点事，日常生活中就得事无巨细，做每一件事都得关注程序中的每个细节，而且得反复过问。这让我突然明白了为什么我的印度同事第一次到中国出差时，会经常反复确认接机事宜。这应该是在这种环境下反复强化出的思维逻辑。中国人会感觉这完全没必要，一个国际客人到来，若说好接机，是一定会安排好的。但印度教授去一个陌生环境，他自然是根据自己熟悉的生活环境来预判。

我当初也曾基于本国生活经历来预设印度同事和学生，结果比较无奈。印象比较深的一次是关于紧急更换会议室的经历。我所在的印中研究中心组织召开一个国际研讨会，需要临时调换会议室。9:00 开会，我 8:30 才接到通知。于是我立刻告诉负责会务的国际办公室同事，让她赶紧在原会议室门口贴个纸条。她答应了，然后我就去忙其他事了。当我8:55 经过原会议室，却发现门上什么都没贴。我质问她为什么还没去贴提示，她很镇定地告诉我，自己已经跟学校负责会务的行政人员说了，但对方说，"时间太紧了，贴不了"。我哭笑不得，当着她的面，我快速从本上撕了一张纸，写下了会议室变更的内容，然后自己跑去贴上了。

让我好奇的是，两分钟不到就可以完成的事情，她为什么就不能自己去做这件事情？我们的目标是紧急提醒潜在参会者临时变更会议室的事实。这么紧急简单的事情，她却非要走一个程序。而且她认为履行了简单吩咐任务就代表完成了任务，根本不考虑她的行为可能让参会者找不到会议室，这跟"车上真的有空调"的行为逻辑是一样的。校长在聊"车上真的有空调"的故事时，我也讲了这段经历。校长说，不论她以何种方式执行，从程序上她也应该及时给你反馈进展。所以，校长认为，她不仅没有结果意识，更没有责任意识。在印度工作中，经常会遇到此类情形，就是你安排一件事之后，不知道会得到什么结果。要想做成一件事，就要事无巨细地去监督执行，会消耗很多精力。这也是印度国际化精英比较惧怕在本国环境下做事的原因之一。

我刚开始还以为这位同事是故意的。但从另一件事上，我发现这种无结果责任意识的思维在印度人中特别典型，即便接受过高等教育的人也存在这种问题。我在《与印度精英共事》一文中提到，在国际上有竞争力的印度精英，应该被严格界定，只是极少数精英中的精英。

我的一位印度学生 A 比较优秀，但她也是典型的印式工作思维。A 是我所在的印中研究中心的志愿者，算是比较靠谱的印度学生。因为我帮她写推荐信，她主动提出为中心提供一些志愿服务，我便请她帮我把一次会议上的重要演讲转化成文字。我周一给她写信，希望她周日晚上交给我，并留了足够长的时间，她答应了。然后，我给负责视频保管的老师写信，明确演讲的日期和嘉宾名字，好让他将视频拷贝给学生。邮件同时抄送给了 A，让她跟进对接。等到了周日晚上，我查了好几遍邮箱，竟没发现她的邮件。周一我在路上碰到她，她跟我说，自己给那个负责视频保管的老师写了信，但那个老师一直没回信，所以，她还没拿到视频。我当时就问她，"老师没给你回信，你不能去办公室找他？"她答应了。又到了周末，还是没等到文字版。再问她，她说自己去了，但是老师给她拷的都是照片。我再问她，"照片怎么能转录文字，你得去拷视频啊"。又到了周末，还是没等到。我们在教学楼前相遇，她有点不好意思着急地说，"老师我不骗你，真的，我试了各种办法，他拷给我的东西打不开。我能去你办公室吗？"极度绝望的我，考虑到教书育人的身份，还是压抑住自己的失望和愤怒，答应在办公室见她。我也打不开视频，但音频是可以的，能听到清晰的声音，我帮她挑出演讲者的所有部分，并标注好，然后等她的文字。周日，她终于发给了我。也就是一个月后，我终于得到了文字版。

对比一下，中国学生的做事思维就很不同。B 是来自中国的交换生，也是中心的志愿者。我让她负责印中午间讲坛微信版的编辑制作，希望在讲座后 48 小时内将公众号内容编辑好，并配上照片。B 也需要跟负责视频保管的老师打交道，主要是拷照片。第一次，她告诉我，讲座后她就跟着负责视频保管的老师去要了，老师说回头发她，但没及时发。

考虑到她刚到印度，对这儿的工作机制不了解，我便告诉她，要拿着 U 盘去拷才行，那些老师都忙，不会想着主动发的。此后，就讲座的微信推文，我会定期收到她制作完好的临时链接，只需要对文字内容进行简单调整，而不需要事无巨细地指导。其实她的课业很重，但不论她自己时间多么紧张，她很清楚自己需要对讲座微信及时发布的结果负责。即使有时弄到深夜，她也会按时完成。

印度学生 A 其实想做这件事，但与中国学生 B 不一样，她的思维是放在过程中，而不是结果上。若她的思维是结果导向的，她就不会停留在某个程序性小障碍中，而是考虑如何去克服这个障碍，继续推进，以最终实现结果。

印度人过度关注过程而不是结果的思维也大大影响了其劳动生产率。根据印度国家银行研究所的报告，到 2021 年，印度工人每年的单位产出率为 6414 美元，而中国是 16 698 美元，这意味着，印度的劳动生产率只是中国的 38.4%。另根据印度工业年度调查的数据分析，印度从 2011 年到 2019 年，其劳动生产率在持续下降；专家们分析其中的一个原因是印度的劳动立法对制造业中的规模就业不利，这导致印度制造业的作坊化，49 人以下规模的制造业企业占到了总数的 72%，而这些企业的产出却只占到总产出的 6.9%。这意味着印度提高劳动生产效率还有很长的路要走。

从政治和文化层面来思考印度人的这些行为逻辑也很有意思。印度的国际学者普遍认为，印度不是一个民族国家，而是通过政治建构去缓慢实现文化建构的国家。即便在历史上相对统一的盛世阶段，如阿育王朝和阿克巴大帝时期，也主要实现了文化"共存"，即搭建了各种文化之间的交流机制，而不是文化的融合。虽然说印度80%的人信仰印度教，但印度教本身就是个共存模式，即便根据最保守的统计，印度教的神也有3000多万个。独立后的印度，在政治上选择并确立了议会制政府加司法审查模式，靠外部制衡机制运转，政治逻辑上却沿着程序正义思维越走越远。

在文化上，其基因是多元化和多样性，这让印度人不得不重视程序、重视参与过程，却很难构建有普遍约束力的道德标准。由于缺乏普遍性文化身份认同，这会让界定和衡量什么是满意的结果变得困难。这也从某种程度上解释了印度文化中更注重程序的原因。但国际化程度很高的印度精英却不同，国际化经历训练了他们的结果责任意识，同时本土文化训练出的多元性思维让他们在跨文化环境下的沟通能力变得非常突出。正是结果意识和跨文化沟通力增强了他们在国际机构或跨国公司中的竞争力。

印度人重视程序，缺乏结果责任意识是我在工作中常常感无奈的原因。在这种环境里，要想结果可控就得强迫自己事无巨细地关注细节，并监督每个细节的落实，这必然导致要么投入大量精力，要么躺平不管任其发展，进而影响工作效率和工作质量。当然，印度这种"无结果责任意识"的文化也不是凭空产生的，调和多元文化的挑战使程序正义不断被强化，也使得普遍可接受的满意结果难以界定，这都促使人们忽视结果责任意识。

27

印度人的不拒绝

对基于农耕文化、乡土熟人社会发展起来的古老文明，其文化中的"拒绝"往往是含蓄的。在中国语境下，我们有时也会用一些含蓄的方式来婉拒，比如"我们再研究研究"。美国律协在中国的一位负责人说，她用了很长一段时间才明白，"我们再研究研究"有拒绝的意思。但是，即便是在中国含蓄文化背景中长大的我，想对印度人的"拒绝"作出准确判断还是相当困难的。在印度的日常生活中，我们极少被拒绝，哪怕是含蓄的拒绝。你听到的更多的是，"没问题""当然""给我点时间肯定回复你"，还有"一分钟就好"或"五分钟就到"等。观察久了，你就会发现，印度人喜欢给出满满正能量的答复，但很多时候，他们并不是将此当作承诺，当然也不是基于未来是否能落实而作出的。这似乎只是为了表达热情，或者作为一种托辞、口头语。

至于印度文化里，为什么不拒绝，文化根源在哪儿，可能还需要更多的研究。有位叫迪拉吉的博士在"领英"上专门分享了一篇《为什么印度人永远不说"不"》的短文，引起了一些在印度做生意的国际人士的共鸣。根据迪拉吉博士的分析，印度人不说"不"，可能主要基于以下四个原因：一是印度人从小就被教育要与周围的环境实现和谐，显然说"是"要比说"否"更有利于这种内心和谐，答应了但环境不允许不算是"毛病"；二是被别人拒绝被认为是丢面子的事情；三是印度基础条件差，人们总需要相互帮助，拒绝别人不利于社群互助；四是拒绝别人也容易在残酷的竞争中失利。

在日常生活中，印度人连陌生人都不拒绝，也只能从寻求内心与环境和谐这一理由来解释了。他们不仅自己要内心平静，也见不得别人着急。在生活中，如果你焦急地找一个印度人问路，即使他不知道路，也会很肯定地给你指一条错路。对中国人而言，你暂时不用着急了，但马上就发现自己更苦恼了。在日常生活中，我有时也会感觉手足无措，无法计划下一步，心里经常喊，"痛快点儿，就告诉我，行还是不行，或者到底几点能到？"

那面对印度人满满正能量的承诺，我们该如何识别哪种是拒绝、哪种是承诺呢？据我在印生活多年的观察，至少有这样几种方法可以帮助我们分辨。第一，如果对方用的是不确定数字，如"这一两天就回复你""很快就安排""尽快找个时间请你到家里吃饭"等，这基本上是客套型的"不拒绝"。第二，如果你吩咐下属或学生做某项工作，根据你的判断，感觉他完成有难度，但是依然给你很肯定的答复，90%是不能完成的，这是面子型或竞争型的"不拒绝"。第三，根据情势不能判断对方的答复是否为承诺，但对方承诺对你自己工作进展有很大影响，那你最好半开玩笑地追问一句，"我可以把你的答复当承诺吗？"对方接下来的表情会明确告诉你答案。

印度人不喜欢拒绝人，当然也不喜欢被拒绝。在印度同事看来，我就太直接了。办公室的印度同事要离任时，我让他给我点反馈。他说，你对学生的反馈非常一针见血，意思是太直接了。他说，印度老师很难做到。我回想给学生的反馈，也都是客观公允的，而且还算很注意方式方法了。但该说的问题，我还是要说出来。不能答应的，当然，也都拒绝了，怕误导别人。但在大多数印度老师跟学生的沟通中，真是很少听到拒绝类的言辞。我也曾经尝试过，但是发现结果很混乱。以学生迟到为例，一开始，也试着去理解学生的那些理由，并给予通融，结果发现每位学生都会有一大堆理由，课堂很难维持。再后来，我试着按照程序公正逻辑跟他们解释清楚，然后透明公允地执行这个政策。有些印度学生就不适应了，好像丢了面子。

那日常生活中，真正需要拒绝时该怎么办呢？据我观察，主要靠"拖延"。印度老师的基本策略是，晃一下脑袋说，"好的，那你给我写信吧"。实际上，80%的学生不会再写信追，这样80%的事情就以这种方式被分流掉了。即使那20%较真的学生再写信，印度老师会选择不回。剩下能有1%再写信追问就不错了。印度的拒绝就是在这种看上去很友善但完全摸不着头脑的情形下发生的。当然，不是所有印度人都会采用这种摸不着头脑的拒绝，一些有着丰富国际工作经验的印度同事，还是会表达拒绝，只不过非常有礼貌和委婉。我个人的建议是不要一概而论，印度社会也在转型。在交往中，关键要看一个人的行为类型。如果你遇到的是一个从不说"不"的人，这些经验分析还是会有帮助的。

中印两大古老文明虽然历史上有很多交流，但实际的文化差异却真实存在。印度人喜欢给150%的热情承诺，让你感觉到满满的盛情；而中国人往往不喜欢把话说满，怕到时做不到。比如，印度朋友给即将来访的中国朋友的答复往往是，"来吧，我愿意为你做任何事情"。这只是用来表达热情的态度，被迎接者不能预设自己会成为座上宾。如果一个印度人到中国拜访老朋友，中国人会说，"来吧，我们会努力接待好"。在印度人看来，这很不热情啊。他不明白，在中国文化里，这口头上只有八分满的承诺，实际意味着，已经打算付出100%的努力了。

对中国人而言，承诺了做不到被认为是丢面子的事。而对印度人，说"不"或"不够热情"才被认为是丢面子的事。

28

印度人的时间观

在印度工作生活的人，可能会对印度人的不守时有一些体会。其实，印度的不守时，与前面提到的不拒绝有些关联，比如说"明天给你回信"，实际上并不意味着明天真给你回。但不守时也不完全等同于不拒绝。前者与印度文化中的时间观念关系更为密切。我最初接触印地语是保姆常说的一个词"कल"，她主要解释为什么昨天没来或者为什么明天要请假。后来查了一下才知道，印地语里，"昨天"和"明天"是一个词，都是"कल"（kal），而"今天"却是另一个词"आज"（aaj）。发现这个语言秘密后，我脑洞大开，这不就是"轮回"的概念吗？只有当下是不同的。从这个文化视角去观察印度人的不守时，我有了新的理解。

刚开始，我也跟大家一样，有些不习惯，甚至无所适从。比如，刚入职时，我发现大多数讲座都没有按时开始。所以，我们印中研究中心在举办第一次讲座的时候，我要了个小聪明。本来下午 1 点开始，我们发通知说 12∶30 开始，结果我的美国和欧洲同事，有的 12∶10 就到了，然而由于我们已经通知了演讲人实际讲座时间为1点，最终只能等到1点。也就是说，为了等迟到的人，我们竟然让早到的人等了50分钟，实在是尴尬。更为严重的是，这可能让其他人认为我们印中研究中心没有时间观念。从那以后，我就杜绝了这种做法，采用了严格守时的方式。

实际上，随着国际化和现代化的发展，印度的不守时状况正发生着变化。对于这种改变，我有亲身经历。校长总是强调，建设世界一流大学只有一流的师资是不够的，行政管理团队也必须要跟上，为此校长在率团出访中国时邀请了人力资源部的M先生加入了代表团。M是我们代表团中唯一一位没有国际化工作或求学经历的印度人，访问期间我亲眼见证了他的变化。

飞机落地后，我们需要快速去酒店办理入住，然后立刻赶往要拜访的机构——纽约大学上海分校。我当时让同事专门预定了一个离纽约大学上海分校大约10分钟车程的酒店，就是为了赶时间。下午1:40办完入住，我提议2:30会合，两位校领导坚持说2:20会合，以留出更充裕的时间。结果到2:20时，只有我和两位校领导K先生和S先生到场，P先生和M先生均未到。P先生于2:35到达。M先生到2:45仍未到，打电话到他的房间也没人接听。S先生是他的顶头上司，他打电话也没找到。我们只好先离开，后通过国际长途才跟他联系上，让他自行打车与我们会合。

两位校领导都比较有修养，也没批评M先生，只是在回程车上讨论哪些礼品该带哪些不该带时，M先生的顶头上司

S先生开玩笑说，可能这次我们最不该带的礼物是M先生，然后大家哈哈大笑。当天晚上要各自回房间时，S先生说，明天早上我们7:30集合，然后指着P先生和M先生说，你们俩7:00就得到这儿。果然P先生第二天提前半小时就到了，我是因为要提前下楼迎接早餐会的客人才看到他的。但是，M先生却再次迟到了，比7:30还要晚20分钟。等到当天晚上，S先生说，明天早上大家7:00集合，M先生一定要6:30到这儿。结果第二天，其他人7:00都到了，M先生又迟到了10分钟。他打算给点理由，S先生不太高兴地打断他说，"别说那些学生们经常给的理由啊"，然后大家又笑了。M是S的一员爱将，为了让他守时，S也是费尽心思。这期间我们坐高铁，快要到站时，S总让M看时间牌，列车每次都与预告时间一分不差地到达，M的眼睛总是睁得大大的。而两位校领导K和S都有在美国特别大的律所或石油公司工作的经历，即便在印度国内也能做到非常守时。P在欧洲留过学，短期出国经历也很多，所以，一次教训就足够了。第三天的晚上，我很好奇S将如何提醒M，让领导久等，在中国国情下，这是不可想象的。这次S表情严肃地对M说，"你听好了，我无法再容忍你迟到"。自此，在此行中，M就真没再迟到过。

由此看来，让没有国际化经历的印度人变得守时，并不容易，但也不是做不到。相信随着印度全球化程度的提高，这个问题会得到改善。

在印度生活得更久一些后，我发现自己对守时这个问题的看法也在发生改变。守时，在快节奏的现代社会，不再被看作是一种美德，而是变成了一种道德义务和法律义务，以让这个快节奏的生活变得更流畅，快到让人透不过气来；也让人面对意外的"不流畅"，倍感压力。

在印度社会，这种不守时文化的存在，也意味着别人对你的不守时是宽容的，让人感受到了农耕社会的放松状态。如果没有那么多人为的、高度机械化的期待，人也就不那么紧张了。

从北京飞德里的航班大都在凌晨一两点落地，而且有时会迟到有时会提前；行李提取有时慢有时快。因为带着孩子，为了不在半夜等司机，我们往往会要求司机按时到。这意味着，如果遇上晚点或行李提取异常时，我们约的接机司机会在半夜多等上一两个小时，甚至更久。第一次航班延误时，我和家人在飞机上都很紧张，一会儿怕司机不等我们，一会儿怕司机发火。这些场景都是基于自己在国内生活经历而出现的心理反应。但是，每次司机都会平和地迎上来，还会主动帮我们推行李车，让我们绷着的神经立刻松弛下来，旅途的疲劳也被此刻的宽容化解了。其实，每次接机的都不是同一个司机，但他们都是如此表现，我理解到这是一种文化。我们除了多付一点机场停车费外，司机并不要求增加车费。有时我们会加一点小费，有时不加，司机也是一样热情。

印度人似乎不仅仅在时间上没那么苛刻，对很多所谓"机会"的权衡也让我感受到文化差异的冲击。有一次约同事一起吃午饭，他提到当天面试中有个人很不错，已经被录用，但这个人迟到了半个小时，所以他才来晚了。我当时感到很诧异，面试迟到半个小时仍然能得到工作机会，这在很多国家是不可能发生的，至少在中国这很难想象。他说："印度的路况不好，你也知道，迟到比发生交通事故强，而且她的确很优秀，为什么不给她这个机会呢?"

这时的我不自觉地想起了一次自己在国内迟到的经历。当时我受邀做评委，邀请单位在北京建国门附近，活动早上9：00开始。作为一个家里有幼儿的妈妈，早上出门是比较困难的。我计划的是早起，不惊动宝宝，但起床时还是把他吵醒了，为摆脱他我费了不少工夫。结果早饭没吃就往外赶，因为知道要经过北京早高峰最拥堵的路段，我便决定挤地铁。但连过三列地铁都挤不进去。我当时特别着急，心里暗暗下决心，"下一班地铁无论怎样我都要挤进去"。后来总算挤进去了，但还是迟到了五分钟。其他专家都已就座，只有我这位最年轻的，却迟到了。会后组织方跟我说，"下次不打算再邀请你了"。当时我感到特别惭愧，除了不停道歉，暗下决心下次要更早起半个小时。在印度生活一段时间后，我心里出现了另一个面对组织方批评的回复："为耽误你们的日程表示歉意，也能理解你的不满，但我已经尽力了。"这种转变，也许就是印度生活在我思维上的烙印。

不守时，也可以理解为未被现代化影响的一种原生秩序。如果是在所谓现代"流畅"秩序下生活习惯了的人，刚切换到这种秩序时可能不太适应。因为秩序模式的改变，会产生很多不确定性，从而有焦虑感。我们也会很自然地将这种松散型秩序理解为缺乏责任感。但习惯了这种秩序后你会发现，它也是有价值的，里面有对人性的关怀，有对生活中各种意外的预判和对因受此影响而"破坏"秩序者的宽容。习惯了，也就不觉得无序。对我而言，最大的收获是它改变了我对守时中"尽力"一词的理解，既要尊重别人的时间观念，但也不要让自己太委屈。为所谓的赶时间，让自己难受不值得；为此而冒险，就更不值了。

29

印度文化里缺乏 "礼尚往来"?

在印度生活一段时间后，经常听到中资的领导抱怨说，"印度人在利益上容易得寸进尺。""印度员工缺乏忠诚。"作为中国人，又该如何理解这种文化现象呢？

我在《与印度精英共事》中提到，印度人的社交网络被明显区分为族群内和族群外两种。在不同网络关系中，印度人的行为逻辑是不同的。族群内，印度人有比较强的互助道义感。这是因为族群内家族财产通常不分割，家族成员间的身份和财富存在非常强的依赖关系。比如大哥去世了，叔叔抚养侄子侄女是天经地义的事情，往往是按照自己子女的标准来抚养。而且这种依赖关系是有强制执行力的。族群内人际关系和财富配置基于威权决策，由家里资深长者做决定，很容易被预期。这种威权决策甚至有时与社会上民主人权的理念相违背，如离婚的家庭成员可能被排除在家族保护网之外，他或她在家族中的财产份额也将自动丧失，但《印度宪法》确认了身份法的合宪性，也就是变相承认了家族内执行道义义务的威权制。

印度人在族群外的人际关系却深受其民主政治文化的影响，存在明显的个人利益最大化的抗争性特点。民主政治是一种政治市场化思维，其基本假设是基于理性人，即理性的人知道该如何实现自己的最佳利益，每个人都在理性追逐自身利益，选票政治会让每个人的利益在政治上得到比较好的反映，从而实现社会的良性运转。如何界定理性人也是比较难的，但经济发展水平和受教育水平不能说没有影响。印度之所以被称为"最大胆的民主实验"，就是因为其在80%多人口还是文盲且贫困的背景下实行了选票政治。多党制和政治承诺短期化，让其选民特别看重眼前利益。利益碎片化和高度竞争化，制造了个人利益最大化的"分蛋糕"思维。没有受过教育的人，生存处境更脆弱，只能更看重利益。来自周边村子里从事保洁的家政人员，日常工作时经常稀里糊涂，但在发工资的时间和数额计算，以及要求加工资的积极性上，从来都是表现出让自己的利益最大化。因此，研究印度治理的知名学者普拉纳布·巴丹（Pranab Bardhan）就曾经提出印度民主之谜——为什么在大选中如此有主见的贫困选民却不会惩罚那些始终解决不了贫困、疾病和文盲问题的政客，这恐怕与短期利益关注不无关系。

印度族群外人际关系的另一个特点是权利本位，义务和责任意识弱。在印度，解决所有问题的出发点都是权利。以扫盲为例，印度人的讨论会自豪地落脚于受教育权是如何从宪法第四章的"国家政策指导原则"上升为第三章的基本权利的。他们会信誓旦旦地告诉你，基础教育转化为基本权利是多么重要的一个历史事件。我问他们，如果一个孩子不去上学，或者父母不让他上学，法律管不管？他们都说，上学的权利是针对政府的，即政府要提供免费受教育的机会，至于他们是否去上学，政府不能强制。公民接受义务教育，怎么可能只是个体权利问题！这还是公民对国家的一项义务，在中国如此，在美国也如此。缺乏义务观，也就是缺乏责任意识。这在某种程度上也解释了，为什么印度文化喜欢关注程序而不愿意关注结果。关注程序容易取悦权利。一旦关注结果，就需要做价值判断和利益取舍，往往会涉及追责和强调义务，这是生活在多元文化中的印度人不愿触碰的。

印度这种关注短期利益和过分强调权利的文化特点，跟中华文化形成了强烈的反差，即缺乏礼尚往来，以及在族群之外缺乏忠诚文化。中华文化倡导家国一体，实际上不存在家族内和家族外的二元文化，而是早已将家庭礼仪社会化。礼尚往来是我们人际交往的基本要求。中国文化里也有爱占小便宜的，但终究会有文化上的愧疚感。以印度人的视角，在族群外的相处就像交易，是一次博弈。在这个过程中，他会努力让自己的利益最大化。中国人可能想，初次相处，不必斤斤计较；或这次做点让步，为下次交易打个好的基础。但这在印度文化背景中就基本行不通。印度人从族群之外的人那里得到好处，不会感到亏欠，也一般不会想着回报，只当作是个交易结果。如果你连续给一个印度人两三次好处，他便认为那已经成了权利。接下来不给，他还会问你要。中国语境下的礼尚往来，或者放长线钓大鱼，在印度语境里几乎不存在。

印度个人短期利益最大化思维也导致社会上的忠诚文化比较弱。印度议员塔鲁尔（Shashi Tharoor）在他的《为什么我是印度教徒》一书中很遗憾地指出，印度的忠诚文化就是"谁出价高跟谁"。印度不是典型的民族国家，家族外的文化身份认同始终是一个困扰印度人的问题。印度人民党在努力寻求以印度教为基础的文化整合，也就是印度教民族主义，但也困难重重。所以，印度的忠诚度主要是以家族为基础，这也可以解释，为什么印度的政党，大的企业、律所等始终走不出家族企业模式。在家族之外，印度的忠诚度主要靠短期利益维持。A 企业给 2000 元，B 企业给 2200 元，印度人会很快跳槽到 B。若 A 企业再给 2300 元，他还会跳回来。政客们在各政党间来回转换也是如此。在印度人的视野里，这是一种理性选择，与道德无关。而具体到企业，也是尽可能在雇佣期间最大限度地使用一个员工，却很少考虑为一个员工的长期培养进行投资。因为企业知道，投资培养后这个员工要么大涨价码，要么会很快跳到给他更高工资的企业。

当然，这也不能绝对化。在与印度人的相处中，如果能从利益型相处变成家人般相处，也会收获意想不到的回报，如 1962 年中印冲突后中国大使馆中印度员工对馆舍的自发保护事件。另外，我还发现，在很多场景下，印度人并不功利。这几年我带着孩子参加了很多印度父母为孩子组织的生日派对，不论参加者带不带礼物，每个人都会被回赠一份礼物。我发现他们不在乎参加的人是否带礼物及带什么礼物，他们开生日派对的目的，是为了邀请自己的亲人和朋友见证这一特殊的日子。即使你今年不带礼物，明年也还会收到邀请，因为你已经成了他们所界定的社区中的一员。

如果就中印文化对比做一个总结的话，我想说，中国人把承诺看得很重，把结果看得很重，把互惠和忠诚看得很重，这已经是一种文化共识，并进而转化成为社会道德约束，我们非常习惯在这样一种有预期的生活下生活、工作和交易。不可否认，城市化、市场化和国际化的快速发展，也在打破一些传统的东西。但整体上而言，中国人非常重视对待承诺、对待时间的严肃性，强烈的结果责任意识和礼尚往来的人际交往准则，并形成了较好的代际传承。

印度人长期被殖民的历史，让传统文化和外来文化的对接面临着断层。道德约束和互助规范主要体现在族群内；而族群外并没有建立起一套法律之外的、有普遍约束力的非正式规则。政治程序化、政治市场化是其为应对多元化和多样性社会而不得以选择的现代政治模式；利益短期化和个人利益最大化是公民个体应对这种市场化政治模式的相对理性的个人选择。这造就了印度人很在乎家庭，也很在乎自己。当然，在家庭（家族）之外，印度人缺乏文化认同或道德约束。人际交往中情怀、忠诚通常不被重视，他们在乎的是能抓到手的利益。比较而言，印度更关注程序正义而非结果正义，这让社会中的很多问题得到了更充分的讨论，不至于冒进；但只谈权利，只谈程序，也让这个社会缺乏大局观、责任意识和结果意识，导致法律和政策执行力弱。

30

不一样的服务体验

　　知名酒店业品牌雅高的南亚地区首席运营官琼-米歇尔·卡塞（Jean-Michel Casse）在 2019 年 8 月 20 日接受《印度时报》采访时认为，"世界连锁酒店业在印度国内提供的服务、产品、食品的质量等要比在世界其他国家的好，至少比在美国和欧洲的好。可以说，印度的客户是被独宠的，同样的酒店品牌在印度提供的并不能为世界其他国家所提供"。他继续说："印度热情好客的酒店所设定的服务标准是世界级的高标准，很多普通酒店所提供的是世界其他地方豪华酒店才能提供的。而且印度酒店的服务生不会说'不'，他们总会设法满足顾客提出的需求。"

　　就我自身的经历来看，卡塞先生说的一点都不夸张，印度餐馆和酒店的服务真是超乎想象。不论酒店大小，门童都笑脸相迎，帮你开门和搬运行李，这在他们文化中自然得像呼吸一样，而且小费并不像西方那样是必需的。住三四百元人民币一晚的酒店就能享受丰富的自助早餐、游泳池，甚至晚上还有乐队演出等服务。正如他所说的那样，印度酒店的服务生不会说"不"。不论你提什么要求，他们总会微笑着点点头。有一次在果阿，我们一家特别怀念西红柿鸡蛋汤，跟店主说了想法后，他让厨师过来听我们给他讲西红柿鸡蛋汤的做法。听完后他就回去试做，不一会儿就给我们端上了一份西红柿鸡蛋汤。虽然不算原汁原味，但我们还是很感动，而且他们也不额外加收费用。我有一些外国同事，他们几乎每周末都要到德里或古尔冈的酒店住一到两晚，一方面是想换换环境，另一方面也是想享受印度的酒店服务。

有了印度酒店高标准的服务参照，我的印度同事每次到中国都会有落差。估计他们到欧美出差也会因为服务标准的差别而感到不悦。校长告诉我，印度酒店的服务尤其是品牌连锁酒店的服务，在全世界都是非常有竞争力的，欧美的服务也比不上，这跟卡塞说的差不多。每次到中国，我们订的酒店都是四星级以上的标准，几乎每次从前台办完入住手续后都能看到我们校董的不悦。我也从跟他们住酒店的经历中感受到品牌酒店在中国不同城市的服务差异。从他们的评价和我的经历来看，上海酒店的服务更国际化些，深圳和北京的服务意识还需加强。其实，衡量酒店的服务水平主要看他们为客户着想的能力。国内很多酒店秉持的仍是一种管理意识，而不是服务意识。我们在北京入住某皇冠假日酒店时，本来到酒店就很晚，前台接待人员的业务也不熟练，半天找不到预定记录。她没有安抚客人坐下等待，我们就一直站在那儿等。校董有会员卡，可以享受挑选房间的服务，但前台人员明确拒绝说，"没有房间可挑选"。总之，无论是向顾客提供的基本服务还是顾客提出的特殊需求，她都做不了主，只是靠说"不"来应对，弄得这位校董很恼火。校董 S 原来在美国一家石油公司工作，经常全球出差，也有这些豪华酒店的会员卡，又是很典型的印度精英，还是学心理学的，他很受不了这种态度。他当晚想找酒店主管，但好像也没联系上。我们就按照前台分配的房间住了一晚。第二天早上，他们的主管（一个德国人）去找校长和校董道歉，并给出了补偿性的解决方案。校长和校董对这个德国人印象很好，便想挖他到大学做首席运营官。虽然那个德国人婉拒了，不过这可以说明，工作中表现出你最出色的一面，你会得到很多意想不到的机会。

跟他们出差，我还学到了他们判断服务质量的另一个视角，那就是微笑。这些习惯了印式微笑的同事，对微笑非常敏感。我们在上海的司机，属于比较严谨的上海人，穿着很得体，但不苟言笑。作为一个中国人，我并没感觉到有什么不妥。但这几位印度同事总觉得不太舒服。在香港转机回印度时，我们在香港机场吃饭，校长说的第一句话是，香港的微笑比大陆还吝啬。S 先生是学心理学的，他总是善于引导服务员微笑。看到服务员表情严肃或以不太自然的表情面对我们时，在服务员第二次出现时，他总会说，你现在的表情比刚才好看多了，可以试一下，你微笑起来会很好看。这时服务员会报以微笑，S 先生就会趁机鼓励，说你的微笑真的很好看，以后要多微笑，这会让你越来越美丽。我发现，我的印度同事们都特别喜欢大笑。虽然旅途很辛苦，但乘车中总听到他们爽朗的笑声。即便讨论严肃的工作和工作中的挑战，他们也会随时将其变成段子，大笑一场。有一次，我们在上海出差时的司机曾经在时间特别紧张的情况下走错了路。同事对他不太放心，每次都要我不停地提醒他。但在中国文化里，这会导致不信任。我就对他们说，要像在印度那样放松。他们就会哈哈大笑，然后说："难道要在上海经历印度的'精神之旅'？"有一次，S先生在讲一件有趣的事时，我也忍不住大笑了。校长跟我说，"你应该经常大笑，这对身体很有好处。"我这才意识到，自己在生活中开心大笑的时刻真是太少了。印度人对陌生人的微笑也时常提醒我，自己的微笑不够多，尤其在陌生人面前。

卡塞在采访中就印度酒店的服务还提到一点，他说，在印度的酒店里，甚至连自助餐都会有人站在你身边服务，这也是他感觉印度酒店的热情服务标准太高，以至于把客人宠坏了的原因之一。这让我想起了跟印度代表团到中国的访问。我们点的是桌餐，不是自助餐。上完餐后，印度客人会根据本国经验，习惯性等着服务员帮助分餐。但是，根据中国的服务习惯，一般是服务员上完菜后，给客人关上门就撤离了，留给客人自己选择饭菜，也是给客人留出空间。而在印度则不同，首先印度的餐厅跟欧美差不多，很少有包间，如果客人很需要自己的空间，可以选择角落落座。落座之后，服务员会给你摆餐具和倒水。点餐之后，印度的餐厅一般是尽量将你点的饭菜一次上齐。然后，服务员开始端起你点的食物，用夹子轮流帮客人分餐。如果需要你就让他夹到你的盘子里，不需要的话，就说不要。分完一轮餐后，他们会去服务下一位，判断你吃得差不多了，如果盘子里还有剩余的话，他们会回来进行第二轮分餐。他们还会不时过来给客人倒水，并问是否还需要再添加什么等。在印度的餐厅，饭菜和服务几乎是同等重要的两项内容。而在中国，饭菜和隐私空间的可获得性是两项被特别看重的内容，比如，有的中国人会因为订不到包间而放弃到某个酒店吃饭。这种差别有时会让没来过中国的印度同事不太适应，而他们的反应也让我有些不太适应。有几次，我发现已经上菜很久了，他们却不吃。我这才意识到，他们是一直等服务员过来分餐，最后只好由我来帮他们分了。

当然，印度精英有很强的反思能力，对于一些服务细节差异，他们也会对比和反思。K 校长在香港城市大学法学院任教六年，也多次到中国内地出差或讲学，对中印两国的差异及彼此可学习的地方很熟悉，所以，经常提出一些反思性的问题。比如在对三四个单位的服务员的倒水服务进行观察后，K 校长就与 S 先生沟通说："你看到没有，他们的服务员每过 20 分钟就会主动过来倒水，不需要按铃提示，非常省心。在我们那儿，我们要按铃，进来之后服务员还问每个人要茶还是咖啡。喝茶的还要问红茶还是绿茶；对喝咖啡的，还要问是否加奶和糖，非常干扰会中交流。" S 先生也意识到了这个问题，但他说："不过他们这种方式也有问题，比如今天提供的茶我就没喝，因为我不喜欢那个味道。要是能让我自己选，可能会更好。"

这些讨论真的是太有趣了。这不仅仅是因为他们的细致观察和那种随时要思考借鉴的严谨态度，他们讨论的内容本身也很有启发意义。茶水服务模式的不同，难道不是中印社会管理甚至国家治理不同的具体投射吗？印度的社会服务，不仅要变着花样满足中产阶级以上阶层的舒适度，还要扎扎实实地应对庞大底层快速脱贫的问题，这可能是他的邻居也是另一个人口大国即中国的发展经验所能提供的参考。而在标准化、高效率的完成初步原始积累后，中国面临着如何探索更人文、更多元的社会治理模式，他的邻居印度对多元化、多样性的理解，也是有经验可参考的。

后 记
亲历印度后再看世界

我们近代看世界的眼光，更多受到鸦片战争的影响。是西方的坚船利炮炸醒了我们，我们虽然还叫他们"蛮夷"，但已经开始接受向他们学习，"师夷长技以制夷"。当我们发现"中学为体，西学为用"没能挽救清廷的没落时，"德先生"和"赛先生"的救亡图存时代拉开了序幕。经过多次政治试验后，我们确立了现有的政治制度，在"自我纠错"中，我们提高了政治、经济和军事能力，终于得以恢复大国身份。

我们此时所处的时代，的确像国家领导人所言，是"百年未有之大变局"。在这样一个大变局的时代，个人和国家命运往哪个方向走，将在一定程度上取决于学习能力。思想保守、思维僵化的将会江河日下，而思维开放、善于学习者则会乘势而上。

最近"平视世界"这个词很火。在平视世界时代，如何看世界，或如何向世界学习，其实更复杂。平视，是指有了选择多视角看世界的自信，但实践中尺寸拿捏反而更有挑战性。如何区分哪些是在落后时代形成的仰视习惯，哪些是基于谦逊而表现出的认真学习态度呢？如何区分哪些是为了外化平视观而需要的自信，哪些是为了克服过去自卑心态而刻意制造的"硬气形象"？哪些是因为制度不同而无法直接借鉴，哪些是因为缺乏谦卑感而错误过滤掉有用的学习机会？

我个人感觉，大多数时候，"平视世界"这个词的使用，还是从相对于"仰视世界"的视角而言的。也就是说，这个视角还是鸦片战争以来所侧重的与西方关系的视角，说起来还是一种比较单一的看世界的视角。鸦片战争之后，我们对其他古老文明或潜在大国缺乏关注，也缺乏一种欣赏式探寻的努力。中国要想抓住大变局时代的学习机会，除了继续探寻和调整与西方的关系，还需要有一种谦逊地向其他发展中国家学习的心态，不能再将思维简单固化为是否向西方学习及向西方学什么这一狭隘的思维。

向发展中国家学习，是一种真正的平视式"取长补短"的学习。世界几大古老文明国家非常值得我们深入了解和仔细观察。印度不仅仅是一个文明古国，还是一个邻国和大国，尤其值得以谦逊、好奇的心态来观察和学习。

中印作为两个相邻的亚洲古老文明大国，在历史上有着非常深入的人文交流。正如众所周知的达摩到中国广宣佛教，中国法显、玄奘等高僧到印度取经，相互记录和丰富着彼此的文化。即便到了近代，被殖民的历史也让两个国家同命相连。很多人可能不知道，曾经被英国招去参加鸦片战争的印度士兵，有一些竟留下来参加了太平天国运动。[1] 孙中山建立的第一个亚洲共和国，曾深深激励着印度的独立运动。[2] 中印是两个有雄心的国家，看到了第二次世界大战的悲剧，看到了资本主义经济危机的隐患，差不多同时建立的中华人民共和国和印度共和国，都期望为自己积贫积弱的国家寻找最现代的政治制度，两国都对社会主义制度抱有深深期待，并先后写入了自己的宪法序言，是目前世界上少有的将"社会主义"写入宪法序言的国家。针对帝国主义和殖民问题，两国曾经携手探索更加公平的国际交往新秩序，如"和平共处五项原则"至今还响彻国际交往的舞台。

很多人在提及中印交流时都会想起历史，但历史的交流对中印当前的相互了解已帮助有限。佛教虽在印度闪耀千年，但佛教衰亡后的千年，印度已不再是佛国，佛教人口在今天的印度占比不到1%。随着两个共和国的发展，曾被殖民的同命相连心理在拉近彼此方面已作用有限。虽然两国是不多见的将"社会主义"写入宪法序言的国家，但两国选择了不同的社会主义思潮，印度选择的是费边主义，即"民主社会主义"；而中国选择的是"马克思列宁主义"。这导致了两个国家治理模式的不同。

遗憾的是，两个共和国在探索现代化的初期阶段，曾因

---

〔1〕 狄伯杰著：《印度政治领域与国民政府：寻求中印联合》，陈珮莹译，载于小芩、方天赐主编：《二十世纪前半叶的中印关系》，台北清华大学出版社2015年版，第3页。

〔2〕 同上，第7—9页。

边界问题陷入了冲突，从此很长一段时间内，彼此关上了交流的大门，至今还在影响着相互交流的深度和广度。20 世纪 80 年代末期，虽然两国交流的大门已向彼此敞开，但是，埋在心底的隔阂却一直挥之不去。尔后，急于发展经济的两个国家，都把希望和重心投向了西方，继而推动他们与西方国家在政府和民间各领域的深入交流。他们了解西方比了解自己的邻居多。虽然两国政府有过高调的修复努力，如拉吉夫·甘地访华期间，邓小平在人民大会堂握着他的手绕场一圈长达八分钟，让全世界的镜头捕捉到这一历史性握手。但因为长期缺乏交流，两国关系一直不够稳定。

中印应该感到幸运，他们是天设地造的一对参照物，他们的"同"和"不同"，都在帮助彼此发展和完善。中印在现代化过程中，其实有很多相似的困惑是西方发达国家回答不了的，比如，如何带领着十几亿人口更快更均衡地发展？没有一个发达国家在经济起飞时有过 10 亿人口，至今世界上也只有中印两个国家人口超过 10 亿。再比如，如何在现代化过程中让古老的东方文明与西方基督教文明实现和而不同？方案也是美国或欧洲无法提供的。遗憾的是，中印的比较研究和智库交流仍然处于初始的阶段，各方面还有待加强。

对印度的研究，我们的前人比我们做得要好，古代和近代先贤的努力都很卓著。虽然"一带一路"倡议带动了一些机构的印度研究兴趣，但仍然有限。现在中国印度研究的优势，更多还是依托早期先贤们的文化研究底子，对印度治理研究的功课没有及时补上，这导致我们对现代印度研究存在知识结构缺陷。

有人认为，关于对印度研究重视与否，还要从印度未来能否崛起为一个大国的角度来决定。我个人不是很赞同这种观点。

关于印度的未来，有些人比较悲观，而另一些人则比较乐观。这些判断都值得商榷，印度的未来只能以印度的方式去推测。所以，如何判断印度的发展潜力，本身就是值得研究的命题。丘吉尔在 20 世纪 30 年代就说，"印度不是一个国家或民族，只是不同民族生活的大陆，这与欧洲大陆相同，不是一个政治体，只是一个抽象的地理概念……印度甚至比欧洲大陆还多元和分化，是英国帮助他们捏合成为一个国家，但很难想象他们会站起来作为一个声音讨价还价"。所以，他认为印度不应该独立，独立了也会散架。但七十多年过去了，印度不但没有散架，而且作为一个民主国家，运行得越来越成熟。尼泊尔经济学家比姆·布特尔对印度的预测也很悲观，他曾于 2021 年 6 月 22 日在《亚洲时报》上撰文称，"印度过去、现在和将来都不可能是世界强国"，但印度 GDP 已经进入世界前五强也是事实。当然，印度也没有该国上层精英所想象得那么强大。虽然印度在国际上有很大的影响力，但这种影响力更多靠的是摇摆力而不是硬实力，这离尼赫鲁所期待的"有声有色的大国"还有很长的路要走。

印度的生活，不仅仅给了我一个重新思考自己和自己祖国的机会，也给了我一个重新思考如何看世界的机会。

如果让我对印度的阶段性观察做一个总结的话，我认为，印度社会的多元是印度治理的痛点，也是其创新点。印度需要在统一国家身份认同和多元群体自治之间保持微妙的动态平衡，才可能保持其政治韧性和治理创新性。帕特南在《让民主运转起来》中认为，如果一个社会具有信任、互惠规范和公民参与网络这三个要素，"强国家、强社会、强经济"可以同时实现，但前提是社群的集体行动力是基于横向网络参与而不是垂直的社会权力结构。对印度而言，其民间自治仍然主要依赖传统的垂直社会权力结构。所以，在未来很长时间内"强国家、强社会、强经济"同时出现的可能性不大。因此，保持国家凝聚和多元自治的动态平衡仍然是印度治理的常态，试图打破这种平衡的单极文化凝合或强政府作为，可能会面临着挫败。但毋庸置疑，印度是一个很独特的国家，它最重要的价值之一，就是颠覆人们很多想当然的假设，让人们有机会转换视角思考问题。

印度是一个不容易看懂的国家，我只是做了一点微薄的阶段性努力。在印度待七年和待十七年，对同一问题的理解可能也会有很大差异。希望未来还有机会将更多的"悟"分享给大家。

图书在版编目（CIP）数据

雾与悟：亲历印度／张文娟著. -- 北京：当代世界出版社，2023.11
ISBN 978-7-5090-1761-6

Ⅰ.①雾… Ⅱ.①张… Ⅲ.①印度-概况 Ⅳ.①K935.1

中国国家版本馆 CIP 数据核字（2023）第 168747 号

书　　名：雾与悟：亲历印度
出版发行：当代世界出版社
地　　址：北京市东城区地安门东大街 70-9 号
邮　　箱：ddsjchubanshe@163.com
编务电话：（010）83907528
发行电话：（010）83908410
经　　销：新华书店
印　　刷：北京新华印刷有限公司
开　　本：889 毫米×1092 毫米　1/32
印　　张：7.5
字　　数：150 千字
版　　次：2023 年 11 月第 1 版
印　　次：2023 年 11 月第 1 次
书　　号：978-7-5090-1761-6
定　　价：69.00 元